DER VIKTUALIENMARKT KOCHT

Nizza Verlag

Unter unsere Vorfreude mischte sich ein etwas mulmiges Gefühl, als wir im Spätsommer 2010 mit den Recherchen für dieses Buch begannen. Wie würden die Händler auf dem Münchner Viktualienmarkt auf unsere Bitte um Interview, Fototermin und Lieblingsrezepte reagieren? Würden viele mit einem „Nicht schon wieder" müde abwinken? Schließlich vergeht auf dem Markt kaum ein Tag, an dem nicht mindestens ein Foto-, Film- oder Fernsehteam unterwegs ist, um stimmungsvolle Aufnahmen zu machen oder kritische Fragen zu einem aktuellen Lebensmittelthema zu stellen. Um es gleich vorweg zu nehmen: Unsere Sorge war völlig unbegründet, wir wurden durchweg herzlich aufgenommen und mit so vielen Informationen und Rezeptideen versorgt, dass wir zwei Bücher hätten schreiben können.

Wir? Das sind eine Sauerländerin, die vor über 30 Jahren studienhalber nach München gekommen und der Liebe wegen geblieben ist und heute ausgesprochen gerne hier lebt. Und eine Niederbayerin, die schon als Kind von ihrer Münchner Oma zum Viktualienmarkt mitgenommen wurde, ebenfalls vor über 30 Jahren zum Studium zugezogen ist und heute in keiner anderen Stadt der Welt lieber zu Hause wäre. Ein ganzes Jahr lang waren wir immer wieder unterwegs und besuchten die Händler, deren Waren gerade Saison hatten: Pilze, Kürbisse, Wurzelgemüse, Gänse und Wild im Herbst und Winter, Spargel, Erdbeeren und frische Kräuter im Frühling, Pfirsiche, Melonen und vielerlei Tomaten im Sommer. Nicht dass es dieses vielfältige kulinarische Angebot nicht das ganze Jahr über gäbe, aber während der Saison zeigen sich die Stände in all ihrer Pracht.

Opulent und farbenfroh, urbayerisch und exotisch – nirgendwo in München ist die Auswahl an frischen Lebensmitteln aus der Region und Spezialitäten aus aller Welt größer als auf dem Viktualienmarkt. Vom einfachen Schirmstand über die kleinen Holzhäuschen bis zu den gemauerten Ladengeschäften sind es insgesamt um die 130 Händler, die auf rund 10 000 Quadratmetern ihre Waren anbieten. Einige davon kannten wir, andere wurden uns von Freunden und Bekannten empfohlen: „Dort gibt's den besten Käse der Stadt!", „Die müsst ihr unbedingt fragen, da gibt's tolle frische Nudeln!" oder „Die Ente von hier war einfach umwerfend!" Letztlich war unsere Auswahl rein subjektiv. Im Nachhinein haben wir noch so manche Entdeckung gemacht, die sicher nicht minder erwäh-nenswert gewesen wäre. Dennoch ist uns, glauben wir, eine gute Mischung gelun-gen, die das breite Spektrum des Angebots widerspiegelt. Das zeigt sich auch in den Rezepten, für die wir uns bei den Standlbesitzern ganz herzlich bedanken. Neben bayerischen und speziell Münchner Schmankerln gibt es alpenländische und mediterrane Gerichte, ein wenig Exotisches, kurz all das, wofür man hier die Zutaten findet.

Diese Zutaten sind von ausgesuchter Qualität, und zwar im doppelten Wort-sinn: Zum einen wählen die Händler ihre Lieferanten augenscheinlich sehr gewis-senhaft aus und haben ein zum Teil über Jahrzehnte gewachsenes Netz an ver-lässlichen Einkaufsquellen. Zum anderen präsentieren sie die Ware noch einmal sorgfältig aussortiert. Wo sich andernorts schon mal ein weniger ansehnliches Exemplar mit in die Tüte verirrt, wird hier Perfektion geboten. Das hat natürlich seinen Preis. Wer Geiz geil findet, ist auf dem Münchner Viktualienmarkt sicher am falschen Ort, Dumpingpreise gibt es nicht. Wer aber Wert auf beste Qualität und ein schier unerschöpfliches Angebot legt, dem bietet sich ein echtes Einkaufs-paradies.

Was uns außerdem sehr imponiert hat: Alle Standlbesitzer, die wir kennen gelernt haben, betreiben ihr Geschäft mit Leidenschaft. Lebensmittel sind für sie eindeutig nicht nur Handelsware. Sie stehen vor dem Morgengrauen auf, um das Beste auf dem Großmarkt zu ergattern. Sie haben Freude dran, ihren Stand so herzurichten, dass er ein Augenschmaus ist. Und sie lieben den Umgang mit den Leuten. Ob „Petersil-Kundschaft" oder arabischer Scheich, der den halben Stand leer kauft – die Mischung möchte keiner von ihnen missen.

Hier kaufen alte Münchner und „Zuagroaste" (nicht gebürtige Münchner) ein, es schlendern Touristen aus aller Welt an den Standln vorbei, um ein wenig vom

Flair dieses Marktes mit der 200-jährigen Tradition im Herzen der Stadt zu genießen. Bayerische Bodenständigkeit, südlicher Charme und Weltoffenheit sind hier kein Widerspruch. Wie im Biergarten unter dichten Kastanien Touristen und Einheimische einträchtig nebeneinander sitzen und das Bier genießen, das dort jede Woche von einer anderen Münchner Brauerei ausgeschenkt wird, so arbeiten die Standlbetreiber friedlich neben- und miteinander. Es gilt das kluge Lebensmotto „Leben und leben lassen".

Diese ganz besondere Atmosphäre hat Paul Claessen mit seinen Bildern einzufangen versucht. Und das ist ihm, wie wir finden, bestens geglückt, er hat uns sogar noch den einen oder anderen neuen Blick auf „unseren" Markt geschenkt.

Wir wünschen Ihnen viel Vergnügen beim Schmökern in unserem Koch- und Bilderbuch, beim Einkaufsbummel auf dem Münchner Viktualienmarkt und beim Nachkochen der Lieblingsrezepte der Standlbesitzer,

Susanne Bodensteiner und Margit Proebst

Paprika

ROMANA
HERZEN
1 Stck: 1.40
2 Stck: 2.6

Gleich am Rosental lädt der schön sortierte Eckstand von Familie Kumpf zum Einkauf ein. Je nach Jahreszeit und Wetterlage bieten Xaver und Anita Kumpf von Avocado bis Zucchini alles an, was gerade wächst und gedeiht, und das seit fast 30 Jahren. Schon die Eltern verkauften hier Tomaten, Gurken und Radieserl, Rosenkohl, Lauch, Feldsalat oder Wirsing.

Morgens um fünf sucht Xaver Kumpf auf dem Münchner Großmarkt die beste und frischeste Ware aus, am liebsten aus Münchner Gärtnereien. Das wird ergänzt mit Früchten aus aller Welt und Gemüse aus dem elterlichen Betrieb in der Nähe von Pfaffenhofen an der Ilm. So gibt es bayerische Erbsenschoten und brasilianische Babaco, eine wilde, besonders aromatische Papaya. Im Sommer liegen neben französischen Ochsenherztomaten mit dicken Rippen und kräftigem Aroma, tiefroten Eiertomaten aus San Marzano und süßen, sizilianischen Datteltomaten eben auch Tomaten, die unter Pfaffenhofener Himmel gewachsen sind. Ihre rote Farbe ist nicht ebenmäßig, es gibt gelbe Stellen, wo Blätter das Licht gefiltert haben – ein Zeichen für echte Qualität vom Freiland!

Wenn Anita Kumpf nicht gerade Auberginen oder Weinbergpfirsiche verkauft oder einer Kundin geduldig Auskunft über Mangoldsorten gibt, füllt sie Kisten auf oder um, ordnet Spitzkrautköpfe dekorativ an, arrangiert Lauchstangen neu – sorgfältig, gut gelaunt und blitzschnell. Schälchen mit Erdbeeren aus der Großmarkthalle leert sie erst einmal aus, prüft jede Beere mit kritischem Blick, sortiert matschige aus und füllt nur die makellosen wieder ins Schälchen. Auf diese Weise bleiben von zehn Pfund Erdbeeren vielleicht nur acht oder neun für den Verkauf übrig, die aber sind erstklassig.

Anita Kumpf sagt nicht, dass sie auf dem Markt arbeitet, sondern bekennt mit strahlenden Augen: „Ich lebe auf dem Viktualienmarkt." Und sie liebt das Marktleben. Selbst im Urlaub auf Mallorca schaut sie am liebsten die kleinen Märkte der Insel an – zum Missfallen ihres Mannes, der seine rare Freizeit auch mal abseits von Obst und Gemüse verbringen könnte. Nach zwei Urlaubswochen freuen sich beide wieder auf ihren Lieblingsplatz im Leben.

Anita Kumpf mag unkomplizierte, schnelle Gerichte, die durch einfache, aber hochwertige Zutaten ihren besonderen Pep erhalten. Von ihr stammen die Rezepte für die würzigen Blattsalate (rechts), den Spitzkrautsalat auf der übernächsten Seite und auch für die schnellen Bandnudeln mit rotem Mangold (Seite 97) sowie die frisch gepalten Bohnen und Erbsen (Seite 115 und 115).

Würzige Blattsalate mit Vanille-Vinaigrette

Für vier Personen

160 g gemischte würzige Salatblätter (z. B. Baby-Mangold, Rucola und zarter Baby-Spinat oder roter Feldsalat)

1 Handvoll süße Datteltomaten

1 kleine, milde, weiße Zwiebel

½ Vanilleschote

2 Esslöffel Balsamico bianco

1 Teelöffel Dijon-Senf

1 Prise brauner Zucker

Salz, Pfeffer

4 Esslöffel Olivenöl

Die Salatblätter waschen und trocken schleudern. Die Datteltomaten waschen und halbieren. Die Salatblätter mit den Tomaten auf Tellern anrichten. Die Zwiebel schälen und in hauchdünnen Ringen darüberhobeln.

Die Vanilleschotenhälfte aufschlitzen und auskratzen. Essig mit Senf, Zucker, Salz und Pfeffer verrühren, dann das Öl und das Vanillemark unterrühren. Die Vinaigrette über die Salate träufeln.

Würzige Salatblätter können Sie am Stand der Kumpfs lose kaufen und dabei meistens zwischen drei bis vier Sorten wählen oder sich auch gemischte Wildkräuter in die Papiertüte packen lassen.

Lauwarmer Spitzkrautsalat mit Speck

Für vier Personen

1 kleiner Spitzkohl
(Spitzkraut, ca. 500 g)

1 Zwiebel

80 g durchwachsener
Räucherspeck

1 Esslöffel Sonnenblumenöl

½ Teelöffel Kümmel (nach
Belieben)

1–2 Messerspitzen Honig
oder Zucker

je 1 Schuss Weißweinessig
und trockener Weißwein
oder Rotweinessig

Salz, Pfeffer

Spitzkohl putzen, vierteln und den Strunk herausschneiden. Kohl-viertel in Streifen schneiden. Die Zwiebel schälen und fein würfeln. Den Speck in kleine Würfel schneiden.

Das Öl in einer Pfanne erhitzen. Den Speck darin unter Rühren knusprig braten. Speckwürfel aus der Pfanne nehmen.

Zwiebel und Spitzkrautstreifen ins heiße Bratfett geben und in 5 Minuten unter Rühren je nach Geschmack bissfest bis weich dünsten.

Kümmel in einem Mörser zerstoßen und mit Honig oder Zucker, Essig und Weißwein vermischen. Sauce mit wenig Salz (der Speck ist schon salzig) und kräftig mit Pfeffer würzen und unter den ge-garten Spitzkohl mischen. Speckwürfel dazugeben. Salat nochmals abschmecken und ohne zusätzliches Öl servieren.

Spitzkohl wird in Bayern auch Spitzkraut genannt. Am Obst- und Gemüsestand von Xaver und Anita Kumpf stammt er wie auch die robusteren Sorten – Grünkohl, Weiß-kohl, Rosenkohl oder Wirsing – fast ausschließlich aus der elterlichen Gärtnerei.

Räucherforellenfilet auf Rahmgurken

Für vier Personen

2 kleine Salatgurken

2 Schalotten

½ Bund Dill

2 Esslöffel Butter

⅛ l trockener Weißwein

150 g Schmand
oder Crème fraîche

Salz, Pfeffer

4 geräucherte Forellenfilets
(je ca. 100 g)

Die Salatgurken schälen, längs halbieren und die Kerne mit einem Kugelausstecher oder einem Teelöffel herauskratzen. Die Gurkenhälften in dicke Halbringe schneiden. Die Schalotten schälen und fein hacken. Den Dill waschen und trocken schütteln, vier Zweiglein für die Dekoration beiseite legen, die übrigen Dillspitzen abzupfen und fein hacken.

Die Butter in einer Pfanne schmelzen und die Schalotten darin glasig werden lassen. Die Gurken hinzufügen und kurz unter Rühren anbraten. Mit dem Wein ablöschen, aufkochen und 5 Minuten zugedeckt schmoren lassen. Den Schmand unter die Gurken rühren und in 2–3 Minuten sämig einkochen lassen. Mit Salz und Pfeffer würzen und den gehackten Dill unterrühren.

Die Rahmgurken auf vier Teller verteilen. Die Forellenfilets jeweils schräg halbieren und darauf anrichten. Mit den Dillzweiglein garnieren.

Frisch geräucherte Forellen bekommen Sie bei Fisch Maier (Seite 191). Nehmen Sie die Forellenfilets rechtzeitig aus dem Kühlschrank, damit sie beim Servieren Zimmertemperatur haben – nur so entfalten sie ihr ganzes Aroma.

Grüner Spargelsalat mit Erdbeeren und rosa Pfeffer

Für vier Personen

1 Bund grüner Spargel (500 g)
500 g Erdbeeren
1 Esslöffel rosa Pfeffer
6 Esslöffel Olivenöl
Salz
knapp 1 Esslöffel Honig
1 Esslöffel Zitronensaft
2 Esslöffel Aceto balsamico
Zucker

Den Spargel im unteren Drittel schälen, die Enden abschneiden und die Stangen schräg in ca. 3 cm lange Stücke schneiden. Die Erdbeeren waschen, auf Küchenpapier abtropfen lassen, entkelchen und je nach Größe halbieren oder vierteln. Den rosa Pfeffer im Mörser grob zerstoßen.

In einer Pfanne zwei Esslöffel Olivenöl erhitzen, den Spargel darin 2–3 Minuten bei mittlerer Hitze anbraten. Eine kräftige Prise Salz und den Honig hinzufügen und den Spargel 1–2 Minuten unter Rühren karamellisieren lassen. Den rosa Pfeffer dazugeben und durchschwenken. Vom Herd nehmen und lauwarm abkühlen lassen.

Zitronensaft und Balsamicoessig mit je einer Prise Salz und Zucker verrühren und das übrige Öl unterschlagen. Den Spargel vorsichtig mit den Erdbeeren mischen, auf vier Tellern anrichten und das Dressing darüberträufeln.

Dieses Rezept stammt von Herrn Brummer (Seite 211), der im Frühling sowohl den grünen Spargel wie auch hocharomatische deutsche Erdbeeren anbietet.

Radicchiosalat mit Papaya und Mango

Für vier Personen

2 Esslöffel Puderzucker

50 g Cashewkerne

1 Peperoncino (kleine getrocknete Chilischote)

Salz

2 Köpfchen Radicchio

2 reife Papayas

2 reife Mangos

1 Limette

½ Teelöffel Fleur de sel

¼ Teelöffel Zucker

4 Esslöffel Walnussöl

Auf der Arbeitsfläche ein Stück Backpapier bereitlegen. Den Puderzucker in ein Pfännchen sieben und bei schwacher Hitze zu hellem Karamell schmelzen. Die Cashewkerne grob hacken und dazugeben, den Peperoncino dazubröseln, salzen und unterrühren. Auf das Backpapier geben, verteilen und abkühlen lassen.

Den Radicchio putzen, waschen, in mundgerechte Stücke zupfen und in einem Sieb abtropfen lassen. Die Papayas längs halbieren, die Kerne entfernen, die Hälften schälen und in ca. 1 cm große Würfel schneiden. Die Mangos schälen, das Fruchtfleisch längs vom Stein schneiden und ebenso würfeln.

Für das Dressing die Limette auspressen, den Saft in einer Schüssel mit Fleur de sel und Zucker verrühren, bis sich beide gelöst haben. Dann das Öl mit einem Schneebesen unterschlagen, bis eine cremige Emulsion entsteht. Die Papaya- und Mangowürfel und den Radicchio dazugeben und vorsichtig mischen. Den Salat in vier Schalen verteilen und die karamellisierten Cashewkerne darüberbröseln.

Die exotischen Früchte für diesen Salat bekommen Sie bei Leo's Obst-Standl (Seite 120).

Feldsalat mit gebratener Gänseleber

Für vier Personen

160 g Feldsalat

1 Karotte

1 Handvoll helle, kernlose
Weintrauben

Salz, Pfeffer

1 Esslöffel Aceto balsamico

1 Teelöffel flüssiger Honig

4 Esslöffel Olivenöl

1 Gänseleber

Den Feldsalat putzen, gründlich waschen, trocken schleudern und auf vier Tellern verteilen. Die Karotte schälen und in dünne Scheibchen hobeln. Karottenscheiben über den Feldsalat streuen. Die Weintrauben waschen.

Für die Vinaigrette Salz, Pfeffer, Essig und Honig verrühren, 2 Esslöffel Öl unterschlagen. Die Vinaigrette über die Salate träufeln. Die Weintrauben halbieren und darauf verteilen.

Die Gänseleber von Häutchen und Röhren befreien und in kleine Scheiben schneiden. Restliches Öl in einer Pfanne erhitzen. Die Gänseleberstücke unter Wenden braten, bis sie durchgebraten sind. Das dauert nur wenige Minuten. Leberstücke mit Salz und Pfeffer würzen, auf den Salaten verteilen und sofort servieren.

Aromatisch und winterfest: Feldsalat sorgt dafür, dass Liebhaber grüner Frische im Winter nicht darben müssen. Probieren Sie auch den rot gefärbten. Kleine Blätter sind zarter und oft aromatischer als die großen „Hasenohren". An den Gemüseständen auf dem Viktualienmarkt finden Sie häufig Freilandware. Feldsalat mehrmals gründlich in stehendem Wasser waschen. Oft sitzt Sand oder Erde zwischen den Blättchen.

Entenbrust auf Rucola

Für vier Personen

12 Walnusshälften

2 Entenbrüste (je ca. 300 g)

Salz, Pfeffer

200 g Rucola

Zucker

2 Esslöffel Balsamico bianco

Zucker

4 Esslöffel Olivenöl

Die Walnüsse grob hacken und in einem Pfännchen bei schwacher Hitze rösten, bis sie duften. Abkühlen lassen.

Den Backofen samt einer flachen, ofenfesten Form auf 170° vorheizen. Die Entenbrüste kalt abwaschen und abtrocknen. Die Haut rautenförmig einritzen, rundherum mit Salz, auf der Fleischseite mit Pfeffer würzen. Mit der Hautseite in eine kalte Pfanne legen und etwa 5 Minuten auf mittlere Stufe erhitzen, bis die Haut schön goldbraun ist. Die Entenbrüste wenden und auf der anderen Seite 3 Minuten anbraten. In die Form im Ofen umsetzen und in 20–25 Minuten fertig garen.

Inzwischen den Rucola waschen, harte Stiele entfernen und große Blätter etwas kleiner zupfen. In einem Sieb abtropfen lassen. Für das Dressing den Essig mit ⅓ Teelöffel Salz, etwas Pfeffer aus der Mühle und einer kleinen Prise Zucker verrühren und das Öl unterschlagen.

Die Entenbrüste aus dem Ofen nehmen und 5 Minuten zugedeckt ruhen lassen. Den Salat auf vier Teller verteilen und das Dressing darüberträufeln. Die Entenbrüste quer zur Faser in dünne Scheiben schneiden und auf dem Salat anrichten. Die gerösteten Walnüsse darüberstreuen.

Hermann Schiller (Seite 181) nimmt statt Entenbrust gerne 400 g Entenleber: Diese von Häutchen und Sehnen befreien und im Ganzen bei mittlerer Hitze von jeder Seite etwa 2 Minuten in Olivenöl braten, so dass sie innen noch zartrosa sind. Zum Schluss leicht salzen und pfeffern und auf dem Rucolasalat anrichten.

Kraut und Rüben und Zuckerbananen, Topinambur und gelbe Tomaten: „Beim Trübenecker" bekommen Sie Früchte aus der Region und aller Welt – garantiert fair gehandelt
und aus ökologischem Anbau. Schon seit 1993 betreibt Klaus Trübenecker gemeinsam
mit seiner Frau Susanne den wohlsortierten Eckstand auf dem Viktualienmarkt. Er ist
ein Bio-Händler der ersten Generation, hatte zuvor einen Naturkostladen in Fürstenried.
Netzwerk Familie: Am Wochenende und in den Schul- und Semesterferien packen auch
die Söhne und Töchter am Stand mit an.

Früchte, die in unseren Breitengraden wachsen, wählt Klaus Trübenecker am liebsten von Bio-Landwirten aus der Region. Bodenseeäpfel bekommt er zum Beispiel ohne Zwischenhändler direkt von der dortigen Erzeugergemeinschaft der Öko-Obstbauern.

Doch Ananas und Avocado wachsen nun mal nicht in Niederbayern: Exotisches bezieht der engagierte Händler über „Kipepeo", ein deutsches Handelsunternehmen, das eng und fair mit ostafrikanischen Kleinbauern zusammenarbeitet. Gründer des Unternehmens ist Siegfried Hermann, der sieben Jahre als evangelischer Diakon eine Gemeinde in Tansania betreute. Zurück in Deutschland lernte er Handelsfachwirt, um Hilfe durch Handel leisten können. Klaus Trübenecker kennt ihn seit Jahren persönlich.

„Beim Trübenecker" gibt's nicht nur Saisongemüse und -obst. Wenn er auf dem Großmarkt gute Bio-Ware bekommt, dürfen sich seine Kunden auch im Februar über Erdbeeren freuen. Doch an manchen Prinzipien wird nicht gerüttelt. Ob Mangold oder Mango: Die Früchte müssen frisch bzw. gut gereift sein und garantiert aus ökologischem Anbau und fairem Handel stammen.

Familie Trübenecker stellte uns feine Rezepte mit robustem Wintergemüse zur Verfügung: Den Topinambur-Salat finden Sie unten, Blaukraut-Birnen-Salat und Blätterteigtaschen mit Mangold auf den nächsten Seiten, ein Sellerie-Gratin auf Seite 129.

Topinambur-Salat mit Honig-Zitronen-Dressing

Für vier Personen

200 g Topinambur

200 g Karotten

1 kleines Bund Schnittlauch

2 Esslöffel Zitronensaft

½–1 Teelöffel flüssiger Honig

Salz, Pfeffer

2–3 Esslöffel kalt gepresstes Sonnenblumen- oder Rapsöl

Topinambur gut waschen und dabei abbürsten. Die Knolle mit der Schale fein reiben und in eine Schüssel geben. Karotten schälen und ebenfalls fein reiben. Schnittlauch waschen, trocken schütteln, in Röllchen schneiden und dazugeben.

Für das Dressing den Zitronensaft mit dem Honig, Salz und Pfeffer verrühren. Dann das Sonnenblumenöl unterrühren. Dressing mit den anderen Salatzutaten vermischen.

Deutsche Öko-Bauern lieben Topinambur wegen seiner Pflegeleichtigkeit. Am Bio-Stand der Familie Trübenecker bekommen Sie die kleinen Knollen auf jeden Fall von Oktober bis Mai. Dann hat Topinambur in unseren Breitengraden Hochsaison. Äußerlich ähneln die eigenwillig geformten Knollen Kartoffeln. Ihr erdiger Geschmack erinnert allerdings eher an Artischocke, hat aber auch eine süßliche Note und harmoniert gut mit Karotte. Topinambur stammt ursprünglich aus Amerika.

Blaukraut-Birnen-Salat

Für vier Personen

1 feste, säuerliche Birne

80 ml trockener Rotwein

1 Gewürznelke

1 Lorbeerblatt

1 kleiner Sternanis

½ kleiner Kopf junges Blaukraut (Rotkohl), ca. 500 g

Salz, Pfeffer

2 Esslöffel Birnen- oder Apfeldicksaft

1 Esslöffel Birnen- oder anderer Fruchtessig

3–4 Esslöffel Traubenkernöl

Die Birne schälen, halbieren, entkernen und in feine Stückchen oder Würfel schneiden. Rotwein mit Nelke, Lorbeerblatt und Anis aufkochen, die Birnenstückchen dazugeben und 2–3 Minuten bei kleiner Hitze darin ziehen lassen, dann vom Herd nehmen.

Jetzt am besten Küchenhandschuhe anziehen, denn das Blaukraut hinterlässt hartnäckig Farbe an den Händen. Krautkopfhälfte von den äußeren Blättern befreien und längs nochmals halbieren, so dass man zwei Viertel erhält. Die Viertel ohne den Strunk in sehr feine Streifen hobeln. Blaukrautstreifen in eine Schüssel geben, mit gut ½ Teelöffel Salz mischen und 2–3 Minuten kneten, bis das Kraut deutlich weicher wird.

Die Birnenstückchen in ein Sieb abgießen, dabei den Rotweinsud auffangen. Nelke, Lorbeer und Sternanis aus den Birnenstückchen fischen. Den Sud mit Salz und 1 kräftigen Prise Pfeffer würzen. Dicksaft unterrühren, Essig und Öl unterschlagen. Das Dressing abschmecken und eventuell nachsüßen oder noch etwas Essig dazugeben. Dressing und Birnenstückchen unter das weichgeknetete Kraut mischen und alles 2 Stunden ziehen lassen, dann nochmals abschmecken.

Blätterteigtäschchen mit Mangold

Für 24 Täschchen

6 rechteckige Scheiben
TK-Blätterteig (450 g)

200 g Mangoldstaude

1 Zwiebel

1 Knoblauchzehe

1 Esslöffel Olivenöl

150 g frischer Ricotta

Salz, Pfeffer

1 Prise Kreuzkümmel

2 Esslöffel Pinienkerne

1 Eigelb

Den Blätterteig zugedeckt auftauen lassen. Den Mangold waschen und putzen. Stiele und Blätter getrennt klein schneiden. Zwiebel und Knoblauch schälen und sehr fein hacken. Das Öl in einer Pfanne erhitzen. Zwiebel und Knoblauch mit den kleingeschnittenen Mangoldstielen bei kleiner Hitze 10 Minuten dünsten. Dann die Blätter untermischen und alles weitere 5 Minuten garen.

Den Backofen auf 220° (Ober- und Unterhitze; Umluft 200°) vorheizen.

Gemüse etwas abkühlen lassen, mit Ricotta mischen und mit Salz, Pfeffer und Kreuzkümmel kräftig würzen. Die einzelnen aufgetauten Blätterteigscheiben etwas größer ausrollen, dann längs und quer halbieren, so dass jeweils vier kleine Rechtecke entstehen, insgesamt 24 Stück.

Gemüse-Ricotta-Mischung auf jeweils eine Hälfte der Blätterteigrechtecke verteilen. Pinienkerne in einer Pfanne ohne Fett goldbraun anbraten, bis sie duften, und darüberstreuen.

Teigränder mit Wasser bepinseln und Rechtecke so zusammenlegen, dass kleine Quadrate entstehen. Ränder gut zusammendrücken.

Ein Backblech mit kaltem Wasser spülen und nicht abtrocknen. Die gefüllten Täschchen daraufsetzen, mit mit etwas Wasser verquirltem Eigelb dünn bepinseln und im heißen Ofen (Mitte) in 15–20 Minuten goldbraun backen.

Flamiche au Maroilles

Für eine große Tarteform
mit 30 cm Durchmesser

Teig

½ Würfel Hefe (ca. 20 g)

200 g Butter

400 g Mehl

Salz

2 Eier (Größe M)

2 Eigelb

etwas Butter für die Form

Belag

400 g Maroilles

200 g Crème fraîche

2 Eier

Salz, Pfeffer

Die Hefe zerkrümeln und in 100 ml lauwarmem Wasser auflösen. Die Butter zerlassen. Das Mehl mit 1 Teelöffel Salz in eine Schüssel geben. Aufgelöste Hefe, zerlassene Butter, die Eier und die Eigelbe dazugeben und alles langsam zu einem glatten, weichen Hefeteig verrühren. Den Teig zugedeckt mindestens 30 Minuten gehen lassen.

Dann den Teig nochmals durchkneten und in die gefettete Tarteform drücken.

Den Backofen auf 220° (200° Umluft) vorheizen.

Den Käse in Würfel oder dünne Scheiben schneiden und auf dem Teig verteilen. In einer Schüssel die Crème fraîche mit den Eiern glatt rühren und mit wenig Salz und Pfeffer würzen. Die Mischung auf den Teig in der Form gießen.

Die Flamiche im heißen Ofen (Mitte) in ca. 20 Minuten goldbraun backen.

Das Rezept für die herzhafte Tarte aus der traditionellen französischen Küche hat uns Gisela van Riesen vom Käsestand Thoma (Seite 64) gegeben. Sie bekam es von einer französischen Stammkundin. Wichtigste Zutat ist der nordfranzösische Rotschmiere-Käse Maroilles, ein „Stinker" mit kräftig-eigenwilligem Aroma, der sich in Münchner Käseläden eher rar macht. Frau van Riesen hat ihn schon seit den siebziger Jahren im Angebot.

Dunkler Lockenkopf, mit einem bunten Tuch gebändigt, blitzende Augen, sprechende Gesten, für jeden Kunden ein herzliches Lachen – so steht Marina Leonhardt hinter ihrer Theke, in der sich italienische Antipasti, Schinken-, Speck-, Wurst- und Käsespezialitäten zu einem einladenden Vielerlei arrangieren. Dazu bietet sie frische Nudeln, bestes Olivenöl und Meersalz, Risottoreis, Gewürze und eine Auswahl italienischer Weine und Spirituosen an, kurz alles, was das italophile Feinschmeckerherz begehrt.

Die Venezianerin kam als Kind mit ihren Eltern nach München. Als sich im Dezember 1988 die Gelegenheit für den Stand am Viktualienmarkt bot, griff die gelernte Einzelhandelskauffrau zu. Kochen und gemeinsam Genießen gehören in ihrer Familie von jeher dazu, diese Leidenschaft für gutes Essen hat sie auch an ihre drei Kinder weitergegeben. „Kennen Sie 'Maria, ihm schmeckt's nicht?", fragt sie. „Genauso lebhaft ging's in meiner Familie immer zu!" Nach ihren Lieblingsrezepten gefragt, sprudelt es nur so aus ihr heraus – mit Marinas Rezeptideen ließe sich ein eigenes Buch füllen.

Da sie einen über die Jahre gewachsenen, treuen Kundenstamm hat, ist sie bei der Auswahl ihrer Ware natürlich kritisch. Alle fünf bis sechs Wochen fährt sie zum Einkaufen nach Oberitalien und in München hat sie sich ein Netz an verlässlichen Lieferanten aufgebaut. So bäckt bespielsweise ein aus Neapel stammender Konditor in München für sie köstliche Süßigkeiten: Code d'aragosta (zu deutsch „Langustenschwänze" – mit Creme gefülltes Blätterteiggebäck), Cantucci (Mandelkekse) und Sfogliatelle (hauchzarte Waffeln) zum Niederknien.

Von Marina Leonhardt stammen die Rezepte für Gemüse-Antipasti auf der nächsten Seite, für Orecchiette mit Salsiccia-Sauce und Tagliatelle mit Steinpilz-Pesto (Seite 98) sowie den hinreißenden Risotto mit Honigmelone, Garnelen und Gorgonzola (Seite 104). Auch die Crostini hier im Anschluss sollten Sie unbedingt mal ausprobieren – sind supereinfach zu machen und schmecken toll zu Bier oder einem Glas Rotwein.

Crostini mit Salsiccia und Stracchino

Für vier Personen

100 g rohe Salsicce (italienische Würste)

100 g Stracchino (fettreicher italienischer Frischkäse)

6 nicht zu dünne Scheiben Ciabatta (oder 12 Scheiben Baguette)

Pfeffer (nach Belieben)

Den Backofen auf 200° vorheizen.

Ein Blech mit Backpapier belegen. Die Salsicce aus der Haut drücken und klein schneiden. Mit dem Stracchino vermengen.

Die Brotscheiben dick mit der Creme bestreichen und im heißen Ofen 6–8 Minuten backen, bis die Oberfläche goldbraun zu werden beginnt. Herausnehmen und nach Belieben pfeffern.

Gemüse-Antipasti

Für vier bis sechs Personen

3 junge Fenchelknollen

ca. 8 Esslöffel Olivenöl

2 mittelgroße Zucchini
(ca. 400 g)

1 Teelöffel getrockneter
Thymian

1 Knoblauchzehe

500 g grüner Spargel

Salz

½ Bund Petersilie

2–3 Esslöffel Zitronensaft

½ Teelöffel abgeriebene
Bio-Zitronenschale

Pfeffer

1 Stück Parmesan (ca. 40 g)

Den Backofen auf 180° vorheizen, ein Blech mit Backpapier belegen.

Den Fenchel waschen, putzen (das Grün beiseite legen) und längs in feine Scheiben schneiden oder hobeln. Auf dem Blech verteilen und 2–3 Esslöffel Olivenöl darübersprenkeln. Im heißen Ofen ca. 25 Minuten backen, zwischendurch wenden.

Inzwischen die Zucchini waschen und in etwa 3 mm dünne Längsscheiben schneiden oder hobeln. Zwei Esslöffel Öl in einem Schälchen mit dem Thymian verrühren. Den Knoblauch schälen und dazupressen. Den Spargel im unteren Drittel schälen, die Enden abschneiden, die Stangen längs halbieren.

Eine Grillpfanne erhitzen und die Stege mit ein wenig Öl einpinseln. Den Spargel in der Pfanne verteilen (quer zu den Stegen, damit hübsche Grillstreifen entstehen!) und ca. 5 Minuten bei mittlerer Hitze braten. Leicht salzen und auf einem Drittel einer großen Platte anrichten.

Die Grillpfanne auswischen, die Stege wieder mit Öl einpinseln. Portionsweise Zucchinischeiben einlegen, mit Knoblauch-Thymian-Öl einpinseln und von jeder Seite 3 Minuten braten. Salzen, herausnehmen und auf die Platte legen.

Das Fenchelgrün hacken. Den Fenchel aus dem Ofen nehmen, salzen und das Fenchelgrün untermischen. Neben dem übrigen Gemüse auf der Platte anrichten.

Die Petersilie waschen und trocken schütteln, die Blätter fein schneiden. Den Zitronensaft mit der Zitronenschale und je einer kräftigen Prise Salz und Pfeffer verrühren und das übrige Olivenöl unterschlagen. Über das Gemüse träufeln und mit einem Sparschäler vom Parmesan Späne darüberhobeln. Dazu passt knuspriges Weißbrot wie Filone oder Ciabatta.

Dazu passen auch die Paprikastreifen, die Frau Witte zum Zanderfilet reicht (Seite 200).

Pa amb oli mit Pata negra

1 Knoblauchzehe

3 Esslöffel Olivenöl

4 große Scheiben Bauernbrot

2 reife Strauchtomaten

Fleur de sel

8 Scheiben Jamón ibérico de Bellota (Pata negra)

Den Knoblauch längs halbieren und eine Pfanne damit ausreiben. Das Öl hineingeben, erhitzen und die Brote darin knusprig anrösten. Die Tomaten halbieren und die Brote mit den Schnittflächen kräftig einreiben, so dass das aromatische Fruchtfleisch gut in das Brot eindringt. Mit ein wenig Fleur de sel bestreuen und mit je zwei Scheiben Schinken belegen.

Schinkendatteln mit Manchego

20 frische Datteln

ca. 200 g Manchego (spanischer Käse)

20 dünne Scheiben Serranoschinken (hier reicht einfacher luftgetrockneter *Jamón serrano,* „Bergschinken")

Die Datteln längs einschneiden und den Kern entfernen. Den Käse in etwa dattelkerngroße Stücke schneiden und die Datteln damit füllen. Jede gefüllte Dattel mit einer Schinkenscheibe umwickeln und mit Spießchen *(pinchos)* fixieren. Die Schinkendatteln auf dem Grill oder in der Pfanne rundherum goldbraun anbraten und am besten lauwarm servieren.

Die spanischen Tapas-Rezepte stammen von Herrn Thomas Lupper (Seite 94), bei dem Sie auch die Zutaten bekommen. *Jamón ibérico de Bellota* ist das Feinste, was Spaniens Schinkenproduktion zu bieten hat. Er wird von schwarzen Schweinen, einer besonderen iberischen Rasse, gewonnen (daher der Name *pata negra,* „schwarze Pfote"). Sie leben in den Stein- und Korkeichenwäldern Andalusiens und der Extremadura und bekommen dort wenigstens drei Monate lang ausschließlich Eicheln zu fressen. Das verleiht dem Schinken das von Feinschmeckern in aller Welt so sehr geschätzte Aroma. Nach der Schlachtung werden die Keulen von Hand gesalzen und anschließend bis zu 36 Monate luftgetrocknet.

Ochsenherz-Tomaten mit mariniertem Schafskäse

Für vier Personen

3 Stängel Basilikum

1 Zweig frischer Thymian

1 kleine Knoblauchzehe

200 g Feta (Schafskäse)

ca. 6 Esslöffel bestes Olivenöl

Pfeffer, Salz

2–3 Ochsenherztomaten

3 Esslöffel geröstete Pistazienkerne in der Schale

einige Tropfen Aceto balsamico di Modena oder Crema con Aceto

Basilikum und Thymian waschen und trocken schütteln. Basilikumblätter in Streifen schneiden. Thymianblättchen abstreifen. Knoblauch halbieren, eine kleine Schüssel damit ausreiben. Den Schafskäse zerkrümeln und in der Schüssel mit den Kräutern, 4 Esslöffeln Olivenöl, Pfeffer und wenig Salz vermischen und mindestens 1 Stunde marinieren lassen.

Die Tomaten in dünne Scheiben schneiden und auf einem großen Teller oder einer Platte auslegen, salzen und pfeffern und mit dem restlichen Öl beträufeln.

Den marinierten Schafskäse mit dem Öl darauf verteilen. Die Pistazien schälen, die Kerne kleiner hacken und darüberstreuen. Alles sehr sparsam mit Aceto garnieren.

Ochsenherzen zählen zu den aromatischsten Fleischtomaten. Im Idealfall – wenn sie genügend Sonne abbekommen haben – ist ihr Säure-Zucker-Verhältnis optimal. Sie brauchen keinen Essig. Die großen, bis zu 500 g schweren und meist hellroten Früchte mit den markanten Rippen oder Falten dürfen ruhig noch ein wenig grün sein. Auf den Schildchen am Viktualienmarkt steht manchmal auch ihr französischer Name „Coeur de boeuf" oder der italienische „Cuore di bue". Ochsenherztomaten sind nicht lange haltbar. Wie alle Tomaten vertragen sie keine Kühlschrankkälte. Legen Sie sie nur bei allergrößter Sommerhitze ins Gemüsefach und nehmen Sie sie rechtzeitig vorm Servieren wieder raus.

Käferbohnen-Salat mit Apfelessig und Kürbiskernöl

Für vier bis sechs Personen

300 g Käferbohnen

1 Teelöffel Kümmel

2 rote Zwiebeln

3 Esslöffel Apfelessig

Salz, Pfeffer

6 Esslöffel Kürbiskernöl

Die Käferbohnen in reichlich kaltem Wasser mindestens 12 Stunden, am besten über Nacht, einweichen. Dann die Bohnen abgießen und in einem Topf mit frischem Wasser bedeckt aufkochen. Wer will, gibt noch Kümmel dazu. Die Käferbohnen in ca. 2 Stunden weich kochen – sie dürfen zerfallen. Die genaue Garzeit richtet sich nach dem Alter der Bohnen.

Inzwischen die Zwiebeln schälen, halbieren und in dünne Streifen hobeln. Den Essig mit Salz, Pfeffer und dem Kürbiskernöl verquirlen.

Die weich gekochten Käferbohnen abgießen. Bohnen noch warm mit der Sauce und den Zwiebeln mischen. Den Salat mindestens 2 Stunden ziehen und dabei abkühlen lassen, dann nochmals kräftig mit Salz und Pfeffer abschmecken.

In der Steiermark wird Käferbohnensalat zur Brotzeit oder auch als Hauptmahlzeit gegessen. Wer will, serviert den Bohnensalat auf einem Salatbett oder mischt ihn mit hauchfein geschnittenen Paprikastückchen.

Käferbohnen sind eine steirische Spezialität, die Sie am Stand von Karl Gaich kaufen können (Seite 57). Sie wachsen in Maisfeldern, nutzen die Maispflanzen als Rankhilfe. Die großen, gefleckten Bohnen werden erst voll ausgereift geerntet. Sie sehen nicht nur schön aus, sondern schmecken auch besonders gut, haben eine intensiv nussige Note. Nach dem Einweichen und Kochen sind die Bohnen übrigens viel größer.

Wie bei allen getrockneten Hülsenfrüchten dürfen Sie das Kochwasser erst am Schluss salzen. Denn Salz bremst den Garprozess, lässt die Bohnen nicht weich werden. Auch Säure wie den Essig erst zum Schluss untermischen. Wer keine Zeit oder spontan Lust auf den Salat hat, nimmt einfach gegarte Käferbohnen aus der Dose. Auch die bekommen Sie am Stand von Karl Gaich.

Wildterrine mit Rhabarber-Chutney

Für eine Terrine mit 1,5 l Inhalt, zehn bis zwölf Portionen

800 g Wildgulasch

1 Esslöffel Wildgewürz

1 Bio-Orange

4 Esslöffel Sherry medium (oder weiterer Orangensaft)

3 Eier

250 g rohes Schweinswurstbrät

250 g Mascarpone

Salz, Pfeffer

2–3 Zweige Thymian

2–3 Lorbeerblätter

1 Teelöffel Wacholderbeeren

etwas Butter für die Form

Rhabarber-Chutney

500 g Rhabarber

4 Esslöffel brauner Zucker

4 Esslöffel Weißweinessig

1 Stück frischer Ingwer (ca. 5 cm)

1 große grüne Chilischote

1 Sternanis

1 kleine Zimtstange

Salz, Pfeffer

Das Wildgulasch trocken tupfen und in einer Schüssel mit dem Wildgewürz mischen. Die Orange heiß abwaschen und abtrocknen, die Schale abreiben und 4 Esslöffel Saft auspressen. Beides mit dem Sherry untermischen und zugedeckt 1 Stunde im Tiefkühlfach anfrieren lassen.

Das marinierte Wildfleisch zweimal durch die feine Scheibe des Fleischwolfs drehen. Die Eier aufschlagen, verrühren und mit Bratwurstbrät und Mascarpone hinzufügen. Mit 1 ½ Teelöffel Salz und 1 Teelöffel frisch gemahlenem schwarzen Pfeffer würzen. Alles sorgfältig vermischen und zugedeckt kalt stellen.

Den Backofen auf 160° vorheizen.

Die Terrinenform ausbuttern. Die Fleischmasse in die Form füllen und glatt streichen. Die Form einige Male kräftig auf die Arbeitsfläche stoßen, damit keine Luftblasen bleiben. Die Thymianzweige waschen und trocken schütteln. Die Oberfläche mit den Thymianzweigen, den Lorbeerblättern und den Wacholderbeeren verzieren und die Form mit einem Deckel oder Alufolie abdecken.

Die Terrine in die Fettpfanne des Backofens stellen und 4 cm hoch kochendes Wasser angießen. Im heißen Ofen 60–70 Minuten garen. Herausnehmen, abkühlen lassen und zugedeckt mindestens 24 Stunden im Kühlschrank ruhen lassen.

Für das Chutney den Rhabarber waschen, entfädeln und klein schneiden. Mit Zucker und Essig in einen Topf geben. Den Ingwer schälen, fein raspeln und hinzufügen. Die Chilischote längs aufschneiden, entkernen und fein schneiden. Sternanis und Zimt dazugeben. Alles aufkochen und bei mittlerer Hitze 10 Minuten offen einkochen lassen, gelegentlich umrühren. Vom Herd nehmen und abkühlen lassen. Zimtstange und Sternanis entfernen und das Chutney mit Salz und Pfeffer abschmecken. In eine Schale füllen oder, zum Aufbewahren, kochend heiß in heiß ausgespülte Twist-off-Gläser füllen, verschließen und die Gläser für 10 Minuten auf den Kopf stellen.

Das Wildgulasch bekommen Sie bei Herrn Schiller (Seite 181), frisches Bratwurstbrät bei Frau Rühl (Seite 156). Rhabarber gibt es nur im Frühling und Frühsommer. Wenn Sie die Terrine in der kalten Jahreszeit anbieten möchten und kein Rhabarber-Chutney im Vorrat haben, können Sie als Ergänzung auch Preiselbeeren aus dem Glas reichen.

Der Zweifelhof, ein Weiler mit vier Häusern, liegt einen Kilometer entfernt von der Gemeinde Treffelstein, in der Nähe des Silbersees, umgeben von Feldern, Wiesen und Wäldern. Hier ist Anne Scholtes aufgewachsen. Von hier ging sie Mitte der siebziger Jahre nach München.

Einen Stand mit Oberpfälzer Spezialitäten gab es da schon auf dem Viktualienmarkt. Der Inhaber stammte ebenfalls aus der Nähe von Treffelstein. Als er in den neunziger Jahren eine Mitarbeiterin suchte, lag es für ihn nahe, Anne Scholtes zu fragen. So half sie samstags am Viktualienmarkt aus, und bald wurde die Oberpfälzerin auch Marktfrau mit Leib und Seele. Im Jahr 2000 übernahm sie den kleinen Stand in Eigenregie. Die Brotzeitschmankerl bekommt sie seitdem frisch geliefert von einer oberpfälzischen Metzgerei, einem Familienbetrieb, der natürlich in Treffelstein ansässig ist: Mini-Pfeffer-beißer und kurze, dicke Regensburger, die nicht nur im Wurstsalat oder zur Brotzeit, sondern auch heiß gut schmecken, kräftige Bauernseufzer-Mettwürste, die auch Polni-sche heißen, zwiebelwürzige Leberwurst, herzhaftes Geräuchertes und weißen und roten Presssack, den echte Oberpfälzer am liebsten sauer angemacht mit Zwiebelringen essen – unverfälschte Spezialitäten.

Anne Scholtes gab uns ihr Rezept für Wurstsalat, so wie er auch in Treffelstein zuberei-tet wird. Ob für den echten und wahren Wurstsalat Lyoner, kümmelwürzige Nürnberger Stadtwurst oder Regensburger in Radel geschnitten werden sollen, darüber wird im Münchner Wirtshaus oder Biergarten gern diskutiert. Für die Oberpfälzerin Anne Schol-tes gibt es keine Alternativen. Sie nimmt selbstverständlich Regensburger.

Annes Wurstsalat

Für drei bis vier Personen

4 Regensburger Würste

1 Essiggurke + 80 ml Essig-gurkensud

1–2 Esslöffel Fruchtessig, z. B. Zwetschgen- oder Apfel-essig

2 Esslöffel Sonnenblumenöl

Zucker, Salz, Pfeffer

1 kleine weiße Zwiebel

Schnittlauchröllchen nach Wunsch

Die Würste häuten, in dünne Scheiben schneiden und in einer flachen Schale oder Form anrichten. Die Gurke in dünne Scheiben schneiden und mit der Wurst mischen. Gurkensud mit Essig und Öl verrühren und mit Zucker, Salz und Pfeffer abschmecken.

Sauce über die Wurst- und Gurkenscheiben gießen und alles etwas ziehen lassen. Vorm Servieren die Zwiebel schälen, in Ringe schneiden und darübergeben. Schnittlauch darüberstreuen.

Frische
Einleg-Gurken
Kilo 1.50
Deutschland   Niederbayern

Zitronen
stück -.50

Bayerische Brotzeit

Zu einer zünftigen bayerischen Brotzeit gehören in jedem Fall eingelegte Gurken. Beim „sauren Eck" auf dem Viktualienmarkt bekommen Sie – auch einzeln – hausgemachte, würzige Senfgurken, süß-säuerliche Essiggurken und milchsaure Salz-Dill-Gurken, eine alte Spezialität, die mittlerweile zur Rarität geworden ist. Chef Ludwig Freisinger (siehe auch Seite 71) hat uns das Familienrezept verraten. Am Stand gibt er auch gern Einlege-tipps für essigsaure Gurken. In der Gurkensaison, die in der Regel von Mitte Juni bis Ende September reicht, bezieht er das Gemüse von einem niederbayerischen Betrieb. Die Gurken werden von Hand geerntet und zwei- bis dreimal in der Woche frisch gelie-fert. Die besten Einlegegurken haben Noppen, Ludwig Freisinger nennt sie „Warzerl". Früh geerntete Gurken sind übrigens meist gerade gewachsen. In kälteren Spätsommer-nächten ziehen sie sich zusammen und werden krumm.

Salz-Dill-Gurken

Für ein Tongefäß oder Glas mit 1 l Inhalt

500 g Einlegegurken

einige Dillkronen (Dilldolden) mit Stiel

1 kleines Stück Meerrettich (1–2 cm)

1 kleines Stück dunkles Sauerteigbrot (kurbelt die Milchsäuregärung an)

20–30 g Salz

Das Gefäß oder Glas penibel reinigen, am besten mit Essig. Die Gurken und Dillkronen vorsichtig waschen. Den Meerrettich schälen und halbieren. Die Gurken und einen Teil der Dillkronen mit dem langen Stiel abwechselnd in das Tongefäß oder Glas einschichten. Die Meerrettichstücke mit einschichten. Das Brot obenauf legen. Alles mit den restlichen Dillkronen abdecken. Früher nahmen die Leute auch Johannisbeerblätter oder Wein-blätter aus dem eigenen Garten als Abschluss.

Inzwischen 1 l Wasser aufkochen und leicht abkühlen lassen. Das Salz darin auflösen. Das warme bis heiße Salzwasser bis zum Rand in das Gefäß oder Glas gießen. Alles mit Folie abde-cken und mit einem Brett beschweren, so dass die Gurken von Lake bedeckt bleiben. Gurken 3–4 Tage an einem warmen Ort, zum Beispiel auf der Fensterbank, ruhen lassen, um die Milch-säuregärung anzukurbeln. Wird der Sud trüb, ist das ein Zei-chen, dass die Gärung eingesetzt hat. Die Gurken können nun gegessen werden oder noch einige Tage kühl lagern. Allzu lange sollten Sie sie jedoch nicht aufheben – die Gärung geht weiter.

Sie heißen auch Sonnengurken, weil die Milchsäuregärung an einem sonnigen Platz auf der Fensterbank besonders schnell in Gang kommt.

Münchner Radi

Für vier Personen

1 großer weißer Rettich

Salz

Den Rettich schälen, putzen und in dünne Scheiben schneiden.

Oder schälen, mit einem Radischneider in Spiralform schneiden und auseinanderziehen.

Oder – ganz traditionell – den geschälten Rettich senkrecht scheibchenweise etwa zu zwei Dritteln einschneiden, aber nicht ganz durchschneiden. Dann den Radi umdrehen und erneut einschneiden, aber jetzt nicht im rechten Winkel zur Längsachse, sondern leicht schräg. Radi wie eine Girlande auseinanderziehen.

Ob Scheibchen, Spirale oder Girlande: Radi auf einem Teller anrichten und gleichmäßig und nicht zu stark salzen. Ruhen lassen, bis kleine Wassertropfen zu sehen sind und der „Radi weint". Dann ist er perfekt.

Einfach gut: Ein dünn aufgeschnittener Rettich, in Bayern Radi genannt, darf auf dem Brotzeitteller im Sommer nicht fehlen. Dazu passt ein Butterbrot, nach Geschmack mit frischen Schnittlauchröllchen bestreut.

Schnittlauchbrot

Für vier Personen

4 Scheiben dunkles Brot aus Natursauerteig

Butter, am besten Bauernbutter

1 Bund Schnittlauch

Salz, Pfeffer

Die Brote dick mit Butter bestreichen. Schnittlauch waschen, trocken schütteln, in feine Röllchen schneiden und auf die Brote streuen; salzen und pfeffern.

Bayerische Knöcherlsülze

Für vier tiefe Teller

1 Karotte

1 große Zwiebel

1 Stange Lauch

⅛–¼ l Weißweinessig nach Geschmack

2 Lorbeerblätter

7 Wacholderbeeren

1 Teelöffel Pfefferkörner

Salz, Zucker

1 frische vordere Schweinshaxe

1 kg Schweinefüße (Pratzerl)

2 hartgekochte Eier

1 große Essiggurke

in Essig eingelegte Paprikaschoten aus dem Glas

Karotte und Zwiebel schälen und grob würfeln. Lauch putzen, gründlich waschen und grob zerteilen. 3 l Wasser mit ⅛ l Essig, Karotte, Zwiebel, Lauch, Lorbeerblättern, Wacholderbeeren und Pfefferkörnern zum Kochen bringen und nach Wunsch mit zusätzlichem Essig, 2 Teelöffeln Salz und 1 Teelöffel Zucker abschmecken.

Haxe und Pratzerl in die kochende Brühe geben und alles ca. 2½ Stunden köcheln lassen, bis das Fleisch leicht vom Knochen fällt, dabei immer wieder den Schaum abschöpfen. Haxe und Pratzerl aus der Brühe nehmen, die Brühe durch ein Sieb schütten, abkühlen lassen und ggf. entfetten. Das Fleisch abkühlen lassen und nach Belieben von den Knochen lösen. In eine echte Knöcherlsülze gehören unbedingt ein paar kleine Knochen zum Abknabbern. Sonst ist es eine Tellersülze.

Die Eier pellen und in Scheiben schneiden. Gurke ebenfalls in Scheiben, Paprika in Streifen schneiden.

Das Fleisch auf tiefe Teller verteilen. Brühe würzig abschmecken und wieder erwärmen. Die Hälfte über das Fleisch gießen, mit Eischeiben, Gurken und Paprikastreifen garnieren und im Kühlschrank fest werden lassen. Dann die restliche Brühe erhitzen und darübergießen. Alles nochmals im Kühlschrank fest werden und über Nacht ruhen lassen.

Für manche ein Graus, für viele, meist ältere Münchner mit einer Scheibe Bauernbrot eine echte Delikatesse: An der Knöcherlsülze scheiden sich die Geister. Für alle, die nicht selbst Haxe und Pratzerl auskochen möchten, bietet die Metzgerei Eisenreich (Seite 140) die bayerische Spezialität auch fertig zubereitet an. Von ihr stammt auch das Rezept.

Mit seinem Senf-Stand auf dem Viktualienmarkt kehrt Theo Hartl zu den Anfängen zurück: Zwei Schwestern des Großvaters hatten vor knapp hundert Jahren bereits Metzgereien auf dem Markt, eine stellte für ihr Geschäft in der Metzgerzeile auch süßen Senf nach eigenem Rezept her. Der hausgemachte „Münchner-Kindl-Senf" war beliebt und begehrt. Bald belieferte die Großtante auch die übrigen Metzger am Markt. Ihr Neffe Albert, Theo Hartls Vater, führte später die Senfküche weiter, während Großneffe Theo erfolgreich Jeansläden eröffnete, eine Band gründete und mit Konstrukteuren des Stararchitekten Frank O. Gehry ein gigantisches Stahlprojekt verwirklichte.

Als er Mitte der achtziger Jahren mit Eberhard König, einem Freund aus Band-Zeiten, die kleine Senfmanufaktur übernimmt, geben sich die kreativen Köpfe bald nicht mehr mit der Zubereitung der Münchner-Kindl-Senfspezialitäten zufrieden. Theo Hartl vergrößert den Betrieb, stellt auf Bio-Produkte um, entwickelt neue Senfsorten und legt dabei größten Wert auf Qualität aus der Region, Nachhaltigkeit und sorgfältiges Handwerk. So bezieht er die Senfsamen zum größten Teil von einem Bio-Bauern aus Pfaffenhofen. In seinem Betrieb in Fürstenfeldbruck sorgen 18 Mitarbeiter dafür, dass die unscheinbaren Körnchen, die zunächst nur nussig bis langweilig schmecken, ihr Geschmackspotential von mild-würzig bis feurig-scharf optimal entfalten können.

Den süßen Münchner-Kindl-Senf stellt er noch heute nach dem altbewährten Rezept her – mit Zutaten aus ökologischem Anbau. Der Clou: Am Stand können Sie den Traditions-Senf vom Viktualienmarkt frisch aus dem Steingutfass gezapft kaufen – wie früher bei der Großtante. Dazu passt natürlich die Münchner Weißwurst. Theo Hartl empfiehlt den süßen Senf aber auch zu Tofu oder gebackenem Camembert.

In dem kleinen Paradies für Senfliebhaber laden noch allerhand andere Spezialitäten zum Verkosten ein: Apfel-Meerrettich-Senf, der weißem und rotem Presssack frischscharfes Aroma verpasst. Fruchtige Sorten wie Orangensenf, der wunderbar mit Geflügel harmoniert. Und Senfklassiker der ABB-Manufaktur in Düsseldorf, der ältesten Senfmanufaktur Europas. Der mittelscharfe Düsseldorfer Senf des traditionell arbeitenden Betriebs wird ebenfalls am Stand frisch aus dem Steingutfass gezapft.

Weißwürste mit süßem Senf

Pro Person

2–4 Münchner Weißwürste

süßer Senf

1–2 Laugenbrezen

Je nach Anzahl der Würste Wasser in einem mittelgroßen oder sehr großen Topf zum Kochen bringen. Topf vom Herd ziehen. Weißwürste einlegen und 10 Minuten oder auch länger neben dem Herd im heißen Wasser ziehen lassen. Auf gar keinen Fall in kochendes Wasser geben! Sonst platzen sie und laugen aus.

Zum Essen Weißwürste jeweils einzeln aus dem Topf nehmen und mit süßem Senf und Laugenbrezen servieren. Und nun die Weißwurst in die Hand nehmen, in süßen Senf tauchen und dann „auszuzeln". Oder Weißwurst mit Messer und Gabel essen: Dazu vorher die Haut längs einritzen und die Wurst aus der Pelle rollen. Niemals eine Weißwurst mit Haut essen!

Der Legende nach wurden Weißwürste vom Metzgermeister Joseph Moder am 22. Februar 1857 erfunden. Dem Meister gingen just an jenem Tag die Schafssaitlinge aus und so musste er das bereits vorbereitete Kalbsbrät in Schweinedärme füllen. Da er Angst hatte, dass die Därme beim Braten platzen, garte er die Würste vorsichtig in heißem Wasser. Die Regel, dass die leicht verderblichen Weißwürste das Mittagsläuten nicht hören dürfen, also vor 12 Uhr gegessen werden müssen, darf man im Zeitalter des Kühlschranks getrost vergessen.

Alexander Katzer ist ein Newcomer auf dem Viktualienmarkt, erst Anfang 2011 hat er das alteingesessene Frankenhäusel übernommen und in Fränkisches Wurst-Häus'le umbenannt. Nach wie vor können sich hier jedoch „Exilfranken" mit den typischen Wurst- und Schinkenspezialitäten aus ihrer Heimat eindecken. Und natürlich zählen auch nichtfränkische Liebhaber der kräftig-deftigen Küche zu Alexander Katzers Stammkunden. Sie kommen aus Schwabing, Erding oder vom Ammersee und kaufen die Speckwurst, die so gut zur Brotzeit passt, original fränkische Bratwürste, mit denen die blauen Zipfel perfekt gelingen, oder fränkische Stadtwurst mit dem typischen Küm-melaroma, die Alexander Katzer gleich in drei Räucher-Varianten anbietet. Selbst über-zeugte Altbaiern probieren gern die grobe und feine Leberwurst, die im Wurst-Häus'le auch mild geräuchert oder mit Majoran oder Zwiebeln gewürzt in der Theke liegt. Spe-zialität ist der weißgelegte Presssack, der auch Würzburger oder Ansbacher Presssack heißt, und im Gegensatz zum üblichen größere Schinkenstücke enthält. Was in der Theke liegt, bekommt Alexander Katzer frisch geliefert von einer Metzgerei in Geberts-hofen, einem kleinen Ort zwischen Nürnberg und Amberg.

Blaue Zipfel

Für vier Personen

4 große Zwiebeln

2 Karotten

¼ l trockener Weißwein (Silva-ner, Gutedel oder Riesling)

1 Teelöffel Zucker

Salz

1 Esslöffel Pfefferkörner

2 Lorbeerblätter

2 Gewürznelken

1–3 Pimentkörner nach Geschmack

¼ l Balsamico bianco

12–16 lange dünne fränkische Bratwürste oder 18–24 kurze dicke Nürnberger

Zwiebeln und Karotten schälen und in dünne Scheiben schneiden.

½ l Wasser mit dem Weißwein aufkochen. Zwiebeln, Karotten, Zucker, 1 kräftige Prise Salz, die Pfefferkörner, Lorbeerblätter, Gewürznelken, Pimentkörner dazugeben und alles nochmals aufkochen, dann den Topf vom Herd ziehen und den Balsamico bianco dazugießen.

Die Würste in den heißen Sud geben, den Topf wieder auf den Herd stellen und die Würste offen bei ganz kleiner Hitze in 10–20 Minuten garziehen lassen.

Für die fränkische Spezialität garen Bratwürste mit reichlich Zwiebeln und Karotten im Wein-Essig-Sud. Dabei werden sie leicht bläulich. Der gelernte Koch und langjährige Küchenchef Alexander Katzer bereitet den Sud mit Balsamico bianco und fränkischem Silvaner zu – so schmeckt er fein-aromatisch.

Fränkische Bratwürste mit Spargelsalat

Für vier Personen

1 kg weißer Spargel (nicht zu dicke Stangen)

Salz, Zucker

1 Teelöffel Butter

3 Esslöffel Weißweinessig

Pfeffer

3 Esslöffel neutrales Öl

1 Esslöffel Schweineschmalz (oder Butterschmalz)

8 rohe fränkische Bratwürste (je ca. 120 g)

½ Bund Schnittlauch

Den Spargel schälen und die Enden abschneiden. In einem flachen Topf, in dem die Stangen liegend Platz haben, 5 cm hoch Wasser aufkochen, je einen Teelöffel Salz, Zucker und Butter hinzufügen und den Spargel darin ca. 20 Minuten garen.

Inzwischen den Essig in einer flachen Schale mit einer kräftigen Prise Salz und ein wenig Pfeffer aus der Mühle verrühren und das Öl unterschlagen. Den Spargel aus dem Sud heben und in die Schale legen und so viel Spargelsud angießen, dass der Spargel gerade bedeckt ist. Mindestens 2 Stunden abkühlen und durchziehen lassen.

Das Schmalz in einer großen Pfanne schmelzen und die Bratwürste bei mittlerer Hitze in 7–8 Minuten von allen Seiten knusprig braun braten.

Den Schnittlauch waschen, trocken schütteln, in Röllchen schneiden und über den Spargel streuen. Zu den Bratwürsten servieren.

Frau Rühl (Seite 156) stammt aus einer traditionsreichen Schwabacher Metzgerfamilie. Das Rezept für die fränkischen Bratwürste aus reinem Schweinefleisch und frischen Gewürzen, die täglich frisch zubereitet werden, stammt vom Großvater.

„In meinen Adern fließt Kürbiskernöl", sagt Karl Gaich, und das stimmt wahrscheinlich auch. Auf dem Viktualienmarkt legt der Steirer mit großer Leidenschaft dem Münchner Publikum Käse, Speck, Essigvariationen und Käsespezialitäten seiner Heimat an Herz und Gaumen, vor allem aber das tiefdunkle, nussig-aromatische Öl, das aus Kürbiskernen gewonnen wird.

Die Betriebe und Bauern, Schweinezüchter und Käsereifereien, von denen Karl Gaich seine originellen Produkte bezieht, kennt er alle persönlich. Jede Woche fährt er in die Steiermark, um bei der Ölmühle Hartlieb einzukaufen – neben seinem Lebenselixier Kürbiskernöl auch das fein-herbe Walnussöl, das unglaublich gut duftet, naturbelassenes Traubenkernöl, das ausgezeichnet zu Rohkost und Käse passt, und das direkt gepresste Öl aus ungeschälten Distelsamen, das besonders reich an gesunder Omega-3-Fettsäure ist. Jedes Öl am Stand ist topfrisch und mindestens ein Jahr haltbar. Eine Ausnahme bildet nur das durch den hohen Anteil an ungesättigten Fettsäuren besonders empfindliche Leinöl. Es oxidiert leicht, deshalb bringt Karl Gaich es von seiner wöchentlichen Tour nur in Mini-Mengen mit.

Zwei Quadratmeter Steiermark: Karl Gaich hat fast jede Spezialität des schönen österreichischen Bundeslands auf Lager. Edlen Apfel-, Birnen- oder Marillenessig in Flaschen, die wie Parfumflakons aussehen. Arzberger Argentum, einen fetten Rotschmiere-Käse mit sahnig-würzigem Aroma, der in einem steirischen Silberstollen, 30 Kilometer nordöstlich von Graz, unter idealen Bedingungen reift. Aufgrund des hohen Silbergehalts kann der Käse nicht schimmeln. Aus steirisch-burgenländischem Grenzgebiet stammt der Uhudler, der in der Steiermark auch Heckenklescher genannt wird, ein Rosé aus der blauen Isabella Traube mit Walderdbeer-Aroma. Kürbiskernpesto bekommt Karl Gaich von einer Bäuerin aus der Oststeiermark. Annette Monschein aus dem steirischen Maggau liefert mit ihrem Mann Alois die geräucherten, getrockneten Hauswürstel, die mit ihrem kräftig-würzigen Geschmack so gut zur „Brettljausen" oder Brotzeit passen. Im Frühjahr lieben Karl Gaichs Kunden den steirischen Osterschinken, den der Österreicher in der Karwoche frisch am Stand kocht und dann warm verkauft – eine Delikatesse zu hartgekochten Ostereiern und frisch geriebenem Meerrettich, dem „Kren" aus dem Glas, den Karl Gaich selbstverständlich ebenfalls in vielen Varianten führt.

Natürlich bereitet er seine Gerichte, wie etwa den im Handumdrehen zubereiteten Kürbiskern-Topfen (nächste Seite) oder den Käferbohnensalat auf Seite 37 mit steirischen Produkten zu oder veredelt sie mit Kürbiskernöl.

Kürbiskern-Topfen

95 g Kürbiskern-Pesto
(1 Gläschen)

250 g Ricotta-Rahm-Topfen

Salz, Pfeffer

Das Pesto mit einem stabilen Schneebesen sorgfältig unter den Topfen rühren. Die Creme nach Wunsch noch mit Salz und Pfeffer abschmecken. Fertig!

Ochsenfleischsalat mit Kerndlöl

Für vier Personen

300 g gegartes Ochsen- oder Rindfleisch (z. B. Reste vom Suppenfleisch von Seite 157, gekochter Tafelspitz oder auch rosa gebratener Roastbeef-Aufschnitt vom Metzger)

4 dicke Frühlingszwiebeln

1 Stange Staudensellerie

1 kleine gelbe oder rote Paprikaschote

1–2 Esslöffel Schilcheressig (siehe unten)

Salz, Pfeffer

je 3 Esslöffel Kürbiskernöl und Sonnenblumenöl

1 Esslöffel Kapern

Salatblätter zum Servieren

Das Fleisch quer zur Faser in Scheiben, dann in Streifen schneiden. Frühlingszwiebeln putzen, waschen, halbieren und in Streifen schneiden. Zartes Grün hacken. Sellerie waschen, putzen, falls nötig schälen und in feine Scheibchen hobeln. Die Paprikaschote putzen, waschen, vierteln und in feine Streifen schneiden.

Den Essig in einer Schüssel mit Salz und Pfeffer verrühren und die beiden Ölsorten unterschlagen. Fleischstreifen, Zwiebeln, Paprika und Kapern mit der Vinaigrette vermischen und 1 Stunde ziehen lassen.

Zum Servieren die Salatblätter waschen, trocken schleudern und auf eine Platte geben. Rindfleischsalat nochmals mit Salz und Pfeffer abschmecken, auf dem Salat anrichten und mit Frühlingszwiebelgrün bestreut servieren.

Schilcheressig ist ein würzig-intensiver, fruchtiger Essig aus der Blauen Wildbachertraube, die in Österreich Schilcher heißt. Sie bekommen ihn am Stand von Karl Gaich, ersatzweise können Sie Rotweinessig verwenden.

Kühl ist es in dem kleinen Käseladen Lindner, sommers wie winters beträgt die Raumtemperatur gerade mal 10 bis 12 Grad, denn das ist für den Käse ideal. „Macht nichts", sagt Gabriela Gerum, die seit 22 Jahren hier beschäftigt ist, „daran gewöhnt man sich." Dass sie nicht selber Standlbesitzerin, sondern bei der Firma Hindelang angestellt ist, tut ihrem Engagement keinen Abbruch. Sie und ihre Kollegin Julia Teuchert, die ihr seit drei Jahren zur Seite steht, sind immer freundlich, haben für jeden Kunden ein nettes Wort.

Was sich geändert hat in den letzten Jahren? Das Angebot ist internationaler geworden. Neben traditionellen Allgäuer Käsesorten bietet Käse Lindner heute auch viele Spezialitäten aus Italien, Frankreich und der Schweiz an. Auch wer Exklusives wie Trüffel- oder Bockshornkleekäse sucht, wird hier fündig. Nicht verändert hat sich, dass die älteren Stammkunden hier nach wie vor Butter, Milch und Joghurt einkaufen und ein kleines Schwätzchen mit den sympathischen Verkäuferinnen halten können. Frau Gerum hat uns die Rezepte für die Brotaufstriche (gibt es im Laden auch fertig zu kaufen!), die Käsesuppe mit Lauch und Hackfleisch (Seite 77) und für Original Allgäuer Kässpatzen (Seite 101) verraten. Für die Käseplatte (Seite 63) haben wir uns von Frau Teuchert beraten lassen.

Obazda

Für vier Personen

300 g weicher Brie
oder Camembert

1 Stückchen reifer Romadur
(ca. 40 g, nach Belieben)

1 Zwiebel

150 g Frischkäse

edelsüßes Paprikapulver

gemahlener Kümmel

Salz, Pfeffer

ein Schuss Sahne
oder Milch (bei Bedarf)

Den Käse rechtzeitig aus dem Kühlschrank nehmen, damit er bei der Zubereitung Zimmertemperatur hat. Brie oder Camembert und, falls verwendet, den Romadur mit der Gabel fein zerdrücken. Die Zwiebel schälen, fein hacken und mit dem Frischkäse unterrühren. Mit Paprika- und Kümmelpulver, Salz und Pfeffer würzen und nach Bedarf mit einem Schuss Sahne oder Milch cremig rühren. In eine Schüssel füllen und mit einer Prise Paprikapulver bestreuen.

Passt gut zu kräftigem Bauernbrot oder Brezen.

Frischkäse mediterraneo

Für vier Personen

2 Esslöffel Pinienkerne

10 getrocknete Tomaten
(in Öl eingelegt)

10–12 schwarze Oliven

2–3 Zweige frischer
(oder knapp 1 Teelöffel
getrockneter) Thymian

250 g Frischkäse

Salz, Pfeffer

Die Pinienkerne in einem Pfännchen ohne Fett bei schwacher Hitze goldbraun rösten. Beiseite stellen und abkühlen lassen. Die Tomaten abtropfen lassen und fein würfeln. Die Oliven entsteinen und ebenso fein schneiden. Den Thymian waschen, trocken schütteln, die Blättchen abstreifen und fein hacken.
    Den Frischkäse mit dem Thymian, einer kräftigen Prise frisch gemahlenem Pfeffer und ein wenig Salz würzen und die getrockneten Tomaten, Oliven und Pinienkerne unterrühren.

Schmeckt fein auf knusprigem Baguette oder Ciabatta.

Frischkäse mit Radieserln und Frühlingszwiebeln

Für vier Personen

1 Bund Radieserl

Salz

1–2 Frühlingszwiebeln

1 Stück Meerrettichwurzel
(oder 1–2 Esslöffel geriebener
Meerrettich aus dem Glas)

250 g Frischkäse

Die Radieserl vom Grün befreien und gründlich waschen. Erst in Scheiben und diese in Stifte schneiden, mit ein wenig Salz bestreuen und einige Minuten Wasser ziehen lassen.
    Die Frühlingszwiebeln putzen, waschen und in feine Scheiben schneiden. Die Meerrettichwurzel schälen und fein raspeln (je nach gewünschtem Schärfe 1–2 Esslöffel). Den Frischkäse mit dem Meerrettich verrühren. Die Radieschenstifte trocken tupfen und mit den Frühlingszwiebeln untermischen.

Schmeckt gut auf herzhaftem Bauern- oder Vollkornbrot.

TÖLZER KÄSLA

Reines
Butterschmalz

zum Kochen
und
Backen

Schweizer
Appenzeller
45 % Fett i. Tr. Rohmilch

Schweizer Rohmilch
Höhlen-
greyerzer
45 % Fett i. Tr.   2.90

Käseplatte mit Birnensenf und Pfefferkirschen

Für sechs Personen

Pfefferkirschen

250 g Sauerkirschen
(mit Stielen)

ca. 150 ml roter Portwein

1 Teelöffel schwarze Pfefferkörner

1 große rote Chilischote

Birnensenf

2 reife Birnen Äpfel

100 ml Weißwein

1 Esslöffel Zitronensaft

1 Esslöffel Zucker

2–3 Gewürznelken

1–2 Esslöffel Dijon-Senf

Salz, Pfeffer

Käse

5 verschiedene Käsesorten
(insgesamt ca. 100 g pro
Person)

Calvados-Camembert aus der
Normandie (milder, cremiger
Weichkäse)

Crémoulin oder Münster
(würziger Rotschmiere-Käse)

Forme d'Aubert oder Roquefort
(milder oder kräftiger Blauschimmelkäse)

Comté (milder Hartkäse)

Höhlen-Gryère (aromatischer
Hartkäse)

Die Kirschen vorsichtig waschen (die Stiele sollen möglichst daran bleiben). In einem Topf mit dem Portwein bedecken. Die Pfefferkörner mit dem Messerrücken zerdrücken. Die Chilischote waschen, längs einritzen und beides dazugeben. Einmal aufkochen und 3 Minuten bei schwacher Hitze köcheln lassen. Vom Herd nehmen und die Kirschen im Sud abkühlen lassen. Zum Servieren abtropfen lassen und in ein Schälchen füllen.

Die Birnen schälen, das Kerngehäuse entfernen und das Fruchtfleisch klein würfeln. Birnen, Weißwein, Zitronensaft, Zucker und Gewürznelken hinzufügen. Bei schwacher Hitze 4–5 Minuten köcheln lassen. Vom Herd nehmen, lauwarm abkühlen lassen, die Gewürznelken entfernen und die Masse mit einer Gabel zu Mus zerdrücken. Den Senf unterrühren und mit Salz und Pfeffer abschmecken. In ein Schälchen füllen.

Den Käse rechtzeitig aus dem Kühlschrank nehmen, damit er Zimmertemperatur annimmt. Auf einer Platte anrichten und mit Birnensenf, Pfefferkirschen und verschiedenen Brotsorten (Baguette, Nussbrot) servieren.

Zum milden Camembert empfiehlt Frau Teuchert (Käse Lindner, Seite 60) Physalis, Karambole (Sternfrüchte) und Honigmelone. Birnensenf und Pfefferkirschen passen gut zum würzigen Hartkäse und zu Blauschimmelkäse.

Thoma Fromages et Vins – der Name offenbart das Angebot: Unter einem Dach in den Farben der Trikolore präsentieren Gisela und Hartmut van Riesen über 300 Käsespezialitäten, dazu ausgesuchte Weine, vor allem aus Frankreich: mild-aromatischer Beaufort-Rohmilchkäse aus den Savoyen, optimal gereifte Comté und Gruyère, Saint Nectaire und kräftiger Bleu aus der Auvergne, Camembert aus der Normandie, Ziegenkäse in vielen Variationen und Reifestadien, cremig-würziger Soumaintrain aus Burgund. Doch auch sardischer Pecorino und bayrischer Obazda, hausgemacht nach Geheimrezept, sind an dem schönen Stand zu finden. Einzigartig ist auch die reiche Auswahl an Schweizer Käsespezialitäten, die sogar echte Eidgenossen verblüfft: Appenzeller oder würzige Greyerzer, die bis zu zwei Jahren reifen durften, Sbrinz-Hartkäse, der am besten gebröckelt schmeckt, oder sahniger Luzerner Rahmkäse.

Vor mehr als einem halben Jahrhundert übernahm Gisela van Riesens Mutter den Stand auf dem Viktualienmarkt. Sie verkaufte Emmentaler, Edamer und Limburger, dazu Honig, Butter und Eier. Seit den siebziger Jahren führt die Tochter Regie. Da hatte sie auf dem Münchner Fasching schon Hartmut van Riesen kennen- und lieben gelernt. Er war Maler, hatte damals ein Atelier in der Nähe des Markts. Doch auch

Giselas Alltag war ihm nicht fremd: Seine Eltern hatten einst eine Molkerei und Käserei in Ostpreußen, stellten Tilsiter, Gouda und Emmentaler her.

Tradition trifft Savoir vivre: Die erste Urlaubsreise führte das junge Paar 1963 nach Saintes-Maries-de-la-Mer, einem malerischen Städtchen in der Camargue. Auf dem Weg lernen sie die Ziegenkäsespezialitäten der Provence kennen, dazu die Weine der Burgunder „Côte de Beaune": fruchtig-eleganten Weißwein aus Mersault, der überwiegend aus Chardonnay-Trauben gekeltert wird, und duftende Volnay-Rotweine – eine Offenbarung für Gisela und Hartmut van Riesen. Das französische Lebensgefühl nehmen sie mit nach München. Beharrlich und mit Freude erweitert Gisela van Riesen das Angebot auf dem Stand. Hartmut van Riesen unterstützt sie dabei, bleibt aber auch seiner Kunst treu.

Immer wieder besuchen sie Weingüter und knüpfen persönliche Kontakte zu Winzern. So entdeckten sie die Chablisweine der Domaine Gérard Tremblay. Heute werden die erstklassigen Weißen dieser Familiendomaine in Fachzeitschriften und Weinführern hochgelobt. Die van Riesens haben sie seit Jahrzehnten im Programm.

Gisela van Riesen verriet uns das Rezept für Käsefondue (unten) und für die Flamiche au Maroilles (Seite 29).

Käsefondue à la Gisela

Für sechs Personen

1 Knoblauchzehe

250 g alter Gruyère

250 g Schweizer Emmentaler

250 g Vacherin Fribourgeois (Halbhartkäse aus dem Schweizer Kanton Fribourg)

1 Teelöffel Stärke

200-600 ml Vin de Savoie Apremont

0,2 cl Kirschwasser

1 Prise Muskatnuss

Salz, Pfeffer

Baguette

Knoblauchzehe schälen und halbieren. Den Fonduetopf damit ausreiben. Die Käsesorten fein würfeln oder grob reiben und mit der Speisestärke bestäuben.

Käsesorten in den Topf geben und bei schwacher bis mittlerer Hitze langsam schmelzen lassen. Wenn sie beginnen zu zerlaufen, den Wein langsam dazugießen und unterrühren, bis die gewünschte Konsistenz erreicht ist. Die Käsemasse häufig umrühren, damit sie gut bindet. Zum Schluss das Kirschwasser unterrühren und alles mit Muskat, Pfeffer und Salz abschmecken.

Fondue auf einem Rechaud warm und cremig halten.

Das Baguette in Würfel schneiden und dazu servieren.

Kaufen Sie gleich zwei Flaschen Apremont, denn der trockene Weißwein aus Savoyen passt nicht nur ins Fondue. Hartmut van Riesen empfiehlt, ihn auch gut gekühlt dazu zu trinken.

Kürbis

gelber
Sternkürbis
3.95

Das „saure Eck" ist auch ein grünes Eck: Der bunte Stand von „Ludwig Freisinger Feinkost und Delikatessen" bietet nicht nur hausgemachtes Sauerkraut aus dem Holzfass und würzig eingelegte Gurken (Seite 47) in schöner Auswahl. Von Ananasminze bis Zitronenbasilikum sprießen hier auch Kräuter in allen Variationen: Kräftiger Rosmarin und würziger Thymian, blühender Ysop und Kapuzinerkresse duften im Sommer mit Currykraut und langen Dillkronen um die Wette – im Topf, im Bund und auch getrocknet. Selbstverständlich verkauft Ludwig Freisinger nur französischen Estragon, der aus Stecklingen gezogen wird. Der aus Samen gewachsene russische liefert für seinen Geschmack viel zu wenig Aroma, „da können Sie gleich Gras hernehmen". Petersilie – auf bayrisch „Bädasui" – lässt er nur in glatter Form gelten. Die krause Petersilie ist für ihn ein fades „Preißnkraut", höchstens als Deko geeignet.

Um das aromatische Grün kümmern sich vor allem seine Frau Christine und die langjährige Mitarbeiterin Elisabeth Seiler. Geschnittene Kräuter im Bund schichten sie frühmorgens zwischen Lagen von angefeuchtetem Zeitungspapier. Zum Schluss bedecken sie Koriandergrün, Zitronenmelisse und Bohnenkraut mit einem nassen, aber gut ausgewrungenen Tuch. Dank des ebenso einfachen wie wirkungsvollen Kühlsystems sind die Kräuterbündel auch nachmittags noch taufrisch.

Gleich daneben sind getrocknete Kräuter und Gewürze aufgebaut. Wie auf einem orientalischen Bazar finden Sie hier Anis, Koriander, Kreuzkümmel und Kardamom, Currymischungen von ananasmild bis superfeurig, Zimt aus Ceylon. Allein beim Pfeffer gibt's rund zehn Sorten, darunter der begehrte bengalische Stangenpfeffer und der hochwertige schwarze Pfeffer aus Tellicherry (Thalassery), der erst kurz vor Beginn des Reifens per Hand geerntet und verlesen wird. Und auch beim Salz haben Ludwig Freisingers Kunden die Qual der Wahl: Steinsalz aus dem Himalaya, natürlich feuchtes Fleur de Sel, das von Hand geerntet wird, rosafarbenes Inka-Salz aus Peru.

Ums Eck gibt's noch jede Menge Eingelegtes: grüne, dunkle und tiefschwarze Oliven, mit Knoblauch, Mandeln oder Schafkäse gefüllt, mit Chili oder Kräutern der Provence aromatisiert, mild-gewürzte Artischocken und feurig scharfe Jalapenos.

Wer sich nicht entscheiden kann, lässt sich einfach beraten. Ludwig Freisinger kennt seine Ware genau und gibt bereitwillig Auskunft – über Safran, Sauerampfer und Salzgurken. Den Stand führt er schon in der vierten Generation. Der Urgroßvater Johann Baptist begann 1903 mit dem Geschäft. Das abwechslungsreiche „saure Eck" ist damit der älteste Familienbetrieb auf dem Viktualienmarkt.

Kräutlsuppe

Für vier Personen
2 Bund gemischte Kräuter
2 Frühlingszwiebeln
2 Esslöffel Butter
2 Esslöffel Mehl
gut ¾ l Geflügelfond
2 Esslöffel Crème fraîche
Salz, Pfeffer
100 g Sahne

Die Kräuter waschen, trocken schütteln und ohne die groben Stiele sehr fein hacken, am einfachsten mit einem großen Messer oder Wiegemesser. Die Frühlingszwiebeln putzen, gründlich waschen und sowohl die weißen wie auch die grünen Teile klein hacken.

Die Butter erhitzen, Frühlingszwiebeln darin andünsten. Knapp die Hälfte der Kräuter dazugeben, das Mehl einrühren und den Fond unter Rühren dazugießen.

Die Suppe aufkochen lassen, Crème fraîche unterrühren, mit Salz und Pfeffer abschmecken und noch knapp 10 Minuten bei schwacher Hitze mehr ziehen als köcheln lassen. Inzwischen die Sahne steif schlagen und zum Schluss mit den restlichen Kräutern unterziehen. Suppe dabei auch nach Wunsch schaumig aufmixen.

Für die Suppe, die traditionell im katholischen Bayern an Gründonnerstag gegessen wird, bekommen Sie am Stand von Ludwig Freisinger eine fertige Kräutermischung. Mit dabei sind Kerbel, Sauerampfer, Petersilie, Liebstöckel und Brunnenkresse. Sie können auch nur Kerbel oder Kerbel, jungen Spinat und Petersilie nehmen.

Spargelsuppe mit Brunnenkresse-Pesto

Für vier Personen

Spargelsuppe

500 g Spargel

je 1 Teelöffel Salz und Zucker

1 Esslöffel Butter

100 g Sahne

2 sehr frische Eigelb

Muskatnuss

Pesto

1 Bund Brunnenkresse

2 Esslöffel Pinienkerne

2 Esslöffel Sonnenblumenöl

1 Esslöffel frisch geriebener Parmesan

Salz, Pfeffer

Den Spargel schälen und die Enden abschneiden. Die Schalen und die Abschnitte mit 1 Liter Wasser in einen Topf geben, Salz, Zucker und Butter hinzufügen. Aufkochen und 10 Minuten bei mittlerer Hitze offen kochen lassen, dann durch ein Sieb abgießen und die Spargelbrühe auffangen, die Schalen gut ausdrücken und wegwerfen.

Inzwischen für das Pesto die Brunnenkresse waschen und trocken schütteln, die Blätter abzupfen. Mit Pinienkernen und Öl im Mixer (oder in einem hohen Gefäß mit dem Pürierstab) zu einer feinen Paste verarbeiten. Den Parmesan unterrühren und mit Salz und Pfeffer abschmecken.

Die Spargelbrühe wieder erhitzen. Die Spargelstangen schräg in etwa 2 cm breite Stücke schneiden und darin 5–6 Minuten garen. Die Sahne mit den Eigelben verquirlen, unterrühren und die Suppe erwärmen, aber nicht mehr kochen lassen, damit das Ei nicht gerinnt. Mit Salz und Muskat abschmecken. Die Spargelsuppe in vier Suppentassen verteilen. Jeweils mit einem Klecks Brunnenkresse-Pesto garnieren.

Die Brunnenkresse fürs Pesto hat Herr Freisinger (Seite 71) und den Parmesan können Sie sich bei Käse Lindner (Seite 60) frisch reiben lassen.

Kürbiscremesuppe mit Kerndlöl und gerösteten Kürbiskernen

Für vier Personen

800 g Kürbis

1 Knoblauchzehe

1 kleines Stück frischer Ingwer

1 kleine Zwiebel

1 Teelöffel Butterschmalz

Currypulver

ca. 600 ml Gemüsefond

100 g saure Sahne

Salz, Pfeffer

3–4 Esslöffel ungeröstete Kürbiskerne

Kürbiskernöl zum Beträufeln

Den Kürbis in Stücke schneiden, entkernen, putzen und schälen. Das Fruchtfleisch grob würfeln. Knoblauch, Ingwer und Zwiebel schälen und würfeln.

Butterschmalz in einem Topf erhitzen. Knoblauch, Ingwer und Zwiebel darin glasig dünsten. Kürbisstücke unterrühren und 1 Prise Currypulver darüberstreuen. Gemüsefond angießen und aufkochen. Kürbis zugedeckt in 15–20 Minuten weich kochen.

Die Suppe mit dem Pürierstab fein pürieren und nach Wunsch durch ein Sieb passieren. Falls sehr viel Flüssigkeit verkocht ist und die Suppe zu dickflüssig ist, noch etwas heißen Fond oder Wasser unterrühren. Suppe mit saurer Sahne glatt rühren (sie darf jetzt nicht mehr kochen!), mit Salz, Pfeffer und vielleicht noch etwas Currypulver abschmecken und auf Teller verteilen.

Die Kürbiskerne in einer Pfanne ohne Fett anrösten, bis sie duften, und über die Suppe streuen. Kürbiskernöl in Klecksen oder Spiralen über die Suppe träufeln.

Ab September haben Sie auf dem Viktualienmarkt die große Kürbis-Auswahl: Kaufen Sie für die Suppe Muskat-, Hokkaido- oder Butternut-Kürbis, der auch Birnenkürbis heißt – sie strotzen vor Aroma. Weniger Eigengeschmack liefert der dicke Gelbe Zentner, der bis zu 50 kg auf die Waage bringen kann. Der Hokkaido hat eine so weiche Schale, dass sie ihn gar nicht schälen, sondern nur waschen müssen. Übrigens zählen diese voluminösen Verwandten der Zucchini offiziell zu den Beerenfrüchten.

Petersilienwurzelsuppe mit Chili-Chips

Für drei bis vier Personen

250 g Petersilienwurzel

1 Esslöffel Butter

½ l Geflügelbrühe

100 g Sahne

1 kräftiger Schuss Martini Extra dry

Salz, Pfeffer, Muskatnuss

1 getrocknete Chilischote

1 Teelöffel gehackte Petersilie

Butterschmalz zum Ausbacken

Petersilienwurzeln schälen und putzen. 1 Wurzel (ca. 50 g) beiseite legen, die restlichen in grobe Stücke schneiden und in der Butter kurz andünsten. Die Brühe angießen, aufkochen und die Wurzeln in 25–30 Minuten bei kleiner Hitze zugedeckt weich köcheln.

Die Suppe pürieren, die Sahne und den Martini unterrühren; falls die Suppe zu dickflüssig ist, noch etwas heiße Brühe oder Wasser unterrühren. Die Suppe mit Salz, Pfeffer, Muskatnuss und vielleicht noch etwas Wermut abschmecken.

Inzwischen für die Wurzelchips die Chilischote fein zerkrümeln. Beiseite gelegte Petersilienwurzel in 2–3 mm dünne Scheiben schneiden oder hobeln. Reichlich Fett in einer kleinen Pfanne stark erhitzen. Die Scheibchen darin bei mittlerer bis starker Hitze goldbraun braten, dabei mehrmals wenden. Chips auf Küchenkrepp abfetten, mit Petersilie und Chili bestreuen und leicht salzen. Die heißen Chips auf die Suppe geben und sofort servieren.

Fränkische Hochzeitssuppe

Für acht Personen

Grießnockerl

50 g weiche Butter

Salz

1 Ei

70 g Weichweizengrieß

Muskatnuss

Pfannkuchenstreifen

4 Esslöffel Mehl

Salz

1 Ei

150 ml Milch

4 Teelöffel Butterschmalz

Lebernockerl

1 Esslöffel weiche Butter

1 Ei

Salz, Pfeffer

getrockneter Majoran

80 g fein pürierte Rinderleber

1 Esslöffel fein gehackte Petersilie

2–3 Esslöffel Semmelbrösel

1,7 l Rindssuppe (Seite 157)

Schnittlauchröllchen

Bevor Sie beginnen: Nehmen Sie alles rechtzeitig aus dem Kühlschrank, damit die Zutaten Zimmertemperatur haben.

Für die Grießnockerl die Butter mit einer kräftigen Prise Salz schaumig schlagen. Erst das Ei, dann den Grieß sorgfältig unterrühren. Mit einer Prise frisch geriebener Muskatnuss würzen. Die Masse in der Schüssel zusammendrücken und zugedeckt 30 Minuten ruhen lassen.

Für die Pfannkuchenstreifen das Mehl mit einer kräftigen Prise Salz in eine Rührschüssel geben. Das Ei und nach und nach die Milch mit einem Schneebesen unterrühren, zugedeckt etwa 20 Minuten quellen lassen.

Für die Lebernockerl die Butter mit dem Ei und je einer kräftigen Prise Salz, Pfeffer und Majoran schaumig rühren. Leber, Petersilie und Semmelbrösel unterrühren, die Masse zusammendrücken und 10 Minuten quellen lassen.

Aus dem Pfannkuchenteig in je 1 Teelöffel Butterschmalz vier Pfannkuchen ausbacken. Aufrollen, auskühlen lassen und in Streifen schneiden.

In einem Topf Wasser aufkochen und kräftig salzen. Mit zwei nassen Kaffeelöffeln von der Grießnockerlmasse kleine Klößchen abstechen, ins Salzwasser gleiten lassen und in etwa 10 Minuten bei schwacher Hitze garen, bis sie zur doppelten Größe aufgelaufen sind.

Für die Lebernockerl ½ Liter Rindssuppe aufkochen. Die Lebernockerl ebenso mit zwei Teelöffeln formen, einlegen und in 8 Minuten gar ziehen lassen. (Die Suppe wird dadurch trüb, ist also nicht mehr so ansehnlich. Schmecken tut sie aber dennoch, Sie können sie also gut am nächsten Tage mit den Resten der Einlagen essen.)

Die übrige Rindssuppe (1,2 l) in einem Topf aufkochen, mit Salz und Pfeffer abschmecken. Pfannkuchenstreifen, Grieß- und Lebernockerl in acht Suppenteller verteilen und die kochende Brühe darüberschöpfen. Mit Schnittlauch bestreut servieren.

Die Suppe wird in Frau Rühls (Seite 156) fränkischer Heimat, wie der Name schon sagt, als Vorspeise eines großen Festtagsmenüs gereicht. Die Rindssuppe lässt sich schon am Vortag vorbereiten. Für eine kleinere Runde können Sie natürlich auch nur eine Einlage zubereiten, die dann für 2–3 Personen ausreicht.

Käsesuppe mit Lauch und Hackfleisch

Für vier Personen

2 Stangen Lauch
(geputzt ca. 300 g)

1 Zwiebel

2 Esslöffel neutrales Öl

500 g Rinderhackfleisch

200 ml trockener Weißwein

½ l Fleisch- oder Gemüse-
brühe

250 g Schmelzkäse

150 g Crème fraîche

1 Esslöffel mildes Currypulver

Salz, Pfeffer

Den Lauch längs aufschneiden, gründlich waschen und fein schneiden. Die Zwiebel schälen und fein hacken. Das Öl in einem Topf erhitzen und das Hackfleisch bei mittlerer Hitze in ca. 5 Minuten unter regelmäßigem Rühren krümelig anbraten.

Den Lauch dazugeben, unterrühren und kurz braten. Mit dem Wein und der Brühe ablöschen und zum Kochen bringen. Den Schmelzkäse und die Crème fraîche unterrühren. Mit dem Curry-pulver, Salz und Pfeffer würzen und die Suppe 15 Minuten bei schwacher Hitze köcheln lassen, gelegentlich umrühren.

Die Käsesuppe vor dem Servieren noch einmal mit Salz, Pfef-fer und Currypulver würzig abschmecken. In tiefe Teller verteilen und mit kräftigem Bauernbrot servieren.

Kartoffelsuppe mit Steinpilzen

Für vier Personen

5 g getrocknete Steinpilze

600 g mehligkochende Kartoffeln

1 l Gemüsebrühe

1 Bund Suppengrün

1 Esslöffel Butter

Salz, Pfeffer

Muskatnuss

Die Pilze in einem Schälchen mit lauwarmem Wasser bedecken und 20 Minuten einweichen. Die Kartoffeln schälen, waschen und in Würfel schneiden. Die Kartoffeln in einem Suppentopf mit der Brühe bedecken, aufkochen und 15 Minuten kochen, bis sie ganz weich sind.

Vom Suppengrün die Petersilie beiseite legen. Karotte, Lauch, Petersilienwurzel- und/oder Knollenselleriestück putzen, waschen bzw. schälen und sehr fein würfeln. Die Butter in einem Pfännchen schmelzen und das Gemüse 2–3 Minuten bei mittlerer Hitze braten, salzen und pfeffern.

Die Kartoffeln in der Brühe mit dem Kartoffelstampfer fein zerdrücken – keinen Pürierstab nehmen, das würde der Suppe eine kleisterartige Konsistenz geben! Die Pilze ausdrücken und mit dem Gemüse unterrühren, die Suppe wieder aufkochen lassen. Mit Salz, Pfeffer und Muskat abschmecken.

Die Petersilie waschen und trocken schütteln, die Blätter fein schneiden. Die Suppe in tiefe Teller füllen und mit der Petersilie bestreut servieren.

Getrocknete Steinpilze, die der einfachen Kartoffelsuppe den rechten Pfiff verleihen, bekommen Sie bei Jutta Pichl (Seite 218) oder Renate Zollner (Seite 131).

Hühnersuppentopf

Für sechs Personen

Suppe

1 Suppenhuhn (ca. 1,5 kg)

2 große Karotten

1 Stange Lauch

1 Stück Sellerieknolle

1 Petersilienwurzel

1 Bund Petersilie

2 Zweige Thymian

2 Lorbeerblätter

4 Gewürznelken

1 Teelöffel schwarze Pfefferkörner

1 Stück Bio-Zitronenschale

Salz

1 Zwiebel

Einlage

200 g feine Suppennudeln

1 dünne Stange Lauch

2 Karotten

1 Bund Schnittlauch

Das Huhn innen und außen kalt abspülen. Den Bürzel entfernen. Das Huhn in den Suppentopf geben und mit etwa 2 ½ l kaltem Wasser bedecken.

Das Gemüse putzen und waschen bzw. schälen und grob würfeln. Alles zum Huhn in den Topf geben. Die Petersilie waschen, die Stängel mit in den Topf geben (die Blätter anderweitig verwenden). Den Thymian waschen und mit Lorbeerblättern, Gewürznelken, Pfefferkörnern, Zitronenschale und einem Teelöffel Salz in den Topf geben.

Die Zwiebel ungeschält quer halbieren, mit den Schnittflächen ohne Fett in einer kleinen Pfanne dunkelbraun anrösten und in den Topf geben. Die Brühe aufkochen und den aufkommenden Schaum abschöpfen. 1 ½ Stunden bei schwacher Hitze halb zugedeckt kochen. Dann das Huhn herausnehmen und etwas abkühlen lassen. Die Brühe durch ein feines Sieb abgießen (das ausgelaugte Suppengemüse gut ausdrücken und wegwerfen). 1,2 l Brühe abmessen, den Rest anderweitig verwenden oder einfrieren.

Die Suppennudeln nach Packungsanweisung in Salzwasser kochen und in ein Sieb abgießen und abtropfen lassen. Den Lauch längs aufschneiden, gründlich waschen und in dünne Ringe schneiden. Die Karotten schälen und in dünne Scheiben schneiden. Das Gemüse in die Suppe geben und in 3–4 Minuten bissfest kochen. Den Schnittlauch waschen, trocken schütteln und in feine Röllchen schneiden.

Das Huhn zerteilen, die Haut abziehen und wegwerfen. Das Fleisch von den Knochen lösen und in mundgerechte Stücke schneiden. Nudeln und Fleisch in sechs Suppenteller verteilen. Die Suppe mit Salz abschmecken und kochend heiß darüber schöpfen. Mit Schnittlauch bestreut servieren.

Frische Suppenhühner bekommen sie bei Maria Spegassner (Seite 168) oder Elfriede Kohlhuber (Seite 176).

Zitronengrassuppe mit Hähnchenfleisch

Für vier Personen

300 g Hähnchenbrustfilet

3–4 Esslöffel Fischsauce

200 g kleine Champignons

eine Handvoll kleine Zuckerschoten

2 Stängel Zitronengras

1 Stück frischer Galgant
(oder Ingwer)

8 Kaffirlimetten-Blätter

3 kleine grüne Thai-Chili-
schoten

½ Bund Koriandergrün

3–4 Esslöffel frisch gepresster
Limettensaft

1 Bund Schnittlauch

Das Hähnchenfleisch kalt abwaschen, abtrocknen, in feine Streifen schneiden und mit 2 Esslöffeln Fischsauce mischen. Die
Pilze putzen und halbieren. Die Zuckerschoten waschen und die
Enden entfernen, die Schoten eventuell entfädeln und schräg
halbieren.

Das Zitronengras von äußeren harten Blättern befreien, das
untere weiche Drittel schräg in Scheiben schneiden. Den Galgant
waschen und ungeschält in Scheiben schneiden (Ingwer schälen
und fein schneiden). Die Limettenblätter waschen, den Rand
mehrfach einreißen. Die Chilis waschen und ein wenig weich
klopfen, damit sie ihr Aroma besser abgeben.

In einem Topf ¾ l Wasser aufkochen. Zitronengras, Galgant
und Limettenblätter dazugeben und 3 Minuten bei mittlerer Hitze
kochen lassen. Hähnchenfleisch, Pilze, Zuckerschoten und Chilischoten hinzufügen, wieder aufkochen lassen und 3 Minuten
bei mittlerer Hitze garen.

Das Koriandergrün waschen und trocken schütteln, die Blättchen abzupfen. Die Suppe mit Limettensaft und 1–2 Esslöffeln
Fischsauce abschmecken, auf Schalen verteilen und mit Korian-
derblättchen bestreuen. Zitronengras, Galgant und Limettenblätter werden mitserviert, aber nicht mitgegessen.

Tomatensuppe mit Garnelen

Für vier Personen

100 g Butter

1 ½ kg reife San-Marzano-Tomaten

3 Schalotten

400 ml Gemüsebrühe

20 kleine rohe Riesengarnelen (küchenfertig geschält, ca. 400 g)

Salz, Pfeffer

2–3 Basilikumzweige

50 g Butter klein würfeln und in den Kühlschrank stellen.

Aus den Tomaten den Stielansatz herausschneiden und die Haut unten kreuzförmig einritzen. Die Tomaten mit kochendem Wasser überbrühen, kalt abschrecken und häuten.

Die Schalotten schälen und fein würfeln. 25 g Butter in einem Topf aufschäumen, die Schalotten darin glasig werden lassen. Die gehäuteten Tomaten dazugeben und 3 Minuten unter Rühren andünsten. Mit der Gemüsebrühe ablöschen, aufkochen und 10 Minuten einkochen lassen.

Inzwischen die Garnelen am Rücken einritzen und den schwarzen Darmfaden entfernen. Die übrige Butter in einer Pfanne schmelzen und die Garnelen darin von jeder Seite 1 Minute bei mittlerer Hitze braten. Die Pfanne vom Herd nehmen.

Die Suppe mit dem Pürierstab fein pürieren, dabei zur leichten Bindung die kalten Butterwürfel untermixen. Jetzt nicht mehr kochen lassen. Mit Salz und Pfeffer abschmecken.

Die Garnelen in Suppentassen geben und die heiße Suppe darauf schöpfen. Die Basilikumblätter grob zerzupfen und aufstreuen.

Herr Maier von Leo's Obst-Standl (Seite 120) empfiehlt für das Rezept San-Marzano-Tomaten. Die Flaschentomaten riechen und schmecken, wie Tomaten riechen und schmecken müssen, und verleihen der Suppe ein unvergleichliches Aroma.

Fischsuppe mit Rouille

Für vier Personen

Rouille

1 große rote Chilischote

2–3 junge Knoblauchzehen

¼ Teelöffel Fleur de sel

2 sehr frische Eigelb

1 Esslöffel fein zerkrümeltes Weißbrot (ohne Rinde)

125 ml mildes Olivenöl

1 Spritzer Zitronensaft

Fischsuppe

2 Karotten

2 kleine Zucchini

1 dünne Stange Lauch

2–3 Stangen Staudensellerie

je eine Handvoll küchenfertige Miesmuscheln, geschälte Garnelen und Sepioline (Mini-Tintenfischchen)

1 l Fischfond

Salz

800 g gemischte, in Würfel geschnittene Fischfilets (Goldbarsch, Seeteufel, Knurrhahn, Lachs)

Für die Rouille die Chilischote längs aufschneiden, entkernen und klein schneiden. Den Knoblauch schälen und fein hacken. Beides im Mörser mit dem Meersalz zu einer feinen Paste zerstampfen. Die Mischung mit den Eigelben und dem Weißbrot in den Mixer geben und glatt pürieren. Das Öl erst tröpfchenweise, dann in dünnem Strahl hinzufügen und untermixen, bis eine dicke Creme entsteht. Mit Salz und einem Spritzer Zitronensaft abschmecken und in eine Schale füllen.

Die Karotten schälen, die Zucchini waschen, beides in feine Stifte schneiden. Den Lauch längs aufschlitzen, gründlich waschen und in Ringe schneiden. Die Selleriestangen waschen und in feine Scheiben schneiden. Die Miesmuscheln gründlich waschen, Garnelen und Sepioline in einem Sieb abbrausen und abtropfen lassen.

Den Fischfond erhitzen und salzen. Das vorbereitete Gemüse einlegen und 2 Minuten bei schwacher Hitze garen. Fischwürfel, Garnelen, Muscheln und Sepioline hinzufügen und in etwa 3 Minuten bei schwacher Hitze gar ziehen lassen. Die Fischsuppe in vier große Schalen verteilen und mit der Rouille und knusprigem Baguette servieren.

Damit geht's ganz einfach: Fischfond und Rouille werden bei Fisch Witte (Seite 198) täglich frisch aus besten Zutaten zubereitet. Die können Sie dort ebenso wie die Mischung in mundgerechte Würfel geschnittener Fischfilets fertig kaufen.

Kennen Sie Sieglinde, Linda und Bintje? Genau, von Kartoffeln ist die Rede! Dass es dabei weit mehr Unterschiede als „fest-" und „mehligkochend" gibt, wissen die Kunden von Uwe's Kartoffel-Standl genau. 10 bis 12 verschiedene Kartoffelsorten hat Uwe Luber immer vorrätig, übers Jahr sind es um die 35. Das beginnt im Frühjahr mit Galatina aus Italien und Spunta aus Zypern, die als festkochende Frühkartoffeln hervorragend zum Spargel passen. Primura, Quarta, Charlotte und Agatha – von jeder Sorte weiß er, wofür sie sich am besten eignet, welches Gericht sich damit machen lässt.

Früher war Uwe Luber Fahrer in der Münchner Großmarkthalle. Vor knapp 20 Jahren bot sich die Gelegenheit, den Kartoffelstand zu übernehmen, viele seiner Kollegen am Markt kennt er schon aus dieser Zeit. Einfacher ist es nicht geworden in all den Jahren: Seit die Parkplätze rund um den Markt knapp geworden sind, sind auch die Gebinde kleiner, die sich die Kunden einpacken lassen. Dazu kommt, dass die wenigsten in der Stadt gute Lagermöglichkeiten für größere Mengen Kartoffeln haben. Ein gut belüfteter, dunkler Keller und 8–12 Grad – das wären die idealen Bedingungen. Dennoch, für eine Rarität wie die fabelhafte Moossieglinde kommen seine Kunden von weit her.

Herrn Lubers Lieblingskartoffel? „Kommt drauf an!" Für den Salat ist die schon erwähnte speckige (bayerisch für festkochend) Moossieglinde eine gute Wahl. Für Kartoffelknödel (Seite 158) empfiehlt er die mehligkochende Bintje. Als Beilage zu Fisch und Fleisch schmecken zum Beispiel Bamberger ganz wunderbar. Wie unterschiedlich in Konsistenz und Aroma die einzelnen Sorten sind, schmeckt man bei seinem Kartoffel-Gemüse-Auflauf (Seite 90) und bei der Gemischten Bratkartoffelpfanne, die mit jeweils vier verschiedenen Sorten zubereitet werden. Auch Süßkartoffeln und die blaue Vitelotte sind mit von der Partie, lassen Sie sich überraschen!

Bratkartoffelpfanne

Für drei bis sechs Personen

1 kg Kartoffeln (4 festkochende bzw. vorwiegend festkochende Sorten, z. B. Vitelotte, Bamberger, Linda und Grenaille)

2 Esslöffel Butterschmalz oder 4 Esslöffel Olivenöl

1 weiße Zwiebel (oder 3–4 Schalotten)

Pfeffer

Kümmel (nach Belieben)

1 Stück Parmesan (ca. 40 g)

Die Kartoffeln gründlich waschen, eventuell abbürsten und ungeschält in Scheiben schneiden. Butterschmalz (oder Öl) in einer großen Pfanne auf mittlere Stufe erhitzen. Die Kartoffeln hineingeben und 7–8 Minuten unter gelegentlichem Wenden braten.

Die Zwiebel (oder Schalotten) schälen und fein hacken. Zu den Kartoffeln geben, mit Pfeffer und nach Belieben ein wenig Kümmel würzen und 4–5 Minuten mitbraten. Vor dem Servieren den Parmesan grob darüberraspeln, dadurch erübrigt sich die Zugabe von Salz.

Kartoffel-Gemüse-Auflauf

Für vier Personen

200 g Sahne

1 kg Kartoffeln (4 halbmehlige und mehligkochende Sorten: z. B. Quarta, Agatha, Bintje und Süßkartoffel)

400 g Gemüse (z. B. Lauch, Karotten, Rosenkohl)

150 g Kräuter-Crème-fraîche

100 g frisch geriebener Parmesan

Den Backofen auf 180° vorheizen, ein wenig Sahne in eine Auflaufform gießen.

Die Kartoffeln schälen und in dünne Scheiben schneiden. Den Lauch längs aufschneiden, gründlich waschen und in dünne Ringe schneiden. Die Karotten schälen und in dünne Scheiben schneiden. Den Rosenkohl putzen, waschen und in Längsscheiben schneiden.

Kartoffeln und Gemüse in getrennten Lagen in die Form schichten, dabei die weichste Kartoffelsorte (in diesem Fall die mehligkochende Bintje) nach oben. Jeweils ein wenig Parmesan zwischen die Lagen streuen. Die übrige Sahne darübergießen und die Kräuter-Crème-fraîche auf der Oberfläche verteilen.

Den Auflauf im heißen Ofen (Mitte, Umluft 160°) 60–70 Minuten backen, bis die Kartoffeln weich sind. Zur Garprobe mit einem spitzen Messer in die Mitte stechen: Wenn das leicht geht, ist der Auflauf fertig. Herausnehmen und zugedeckt 10 Minuten ruhen lassen. Den Auflauf in Portionen schneiden, und mit einem Pfannenwender vorsichtig herausheben, so dass die Schichten schön sichtbar bleiben.

Für dieses Gericht verwendet Herr Luber kein Salz, der Salzgehalt des Parmesans reicht ihm völlig aus. So kommt, wie er findet, das Aroma der Kartoffeln besonders gut zur Geltung.

Kümmelkartoffeln mit Radieserl-Topfen

Für vier Personen

800 g kleinere, neue Bio-Kartoffeln

2 Esslöffel Sonnenblumenöl

1 Teelöffel Kümmel

1 Esslöffel grobes Meersalz

1 kleines Bund Schnittlauch

4–5 Radieserl mit frischem Grün

250 g Sahne-Topfen oder Schichtkäse

Salz, Pfeffer

Den Backofen auf 200° vorheizen.

Kartoffeln waschen, gründlich abbürsten, trocken tupfen und halbieren. Backblech oder breite Form mit Öl bepinseln. Kümmel und Meersalz darauf streuen. Kartoffeln mit der Schnittfläche nach unten daraufsetzen. Kartoffeln im heißen Ofen in 25–30 Minuten weich garen.

Inzwischen für den Radieserl-Topfen den Schnittlauch waschen, trocken schütteln und in Röllchen schneiden. Radieserl waschen. Einige schöne Blättchen abzupfen und klein hacken. Kräuter mit dem Topfen, Salz und Pfeffer glatt rühren. Radieserl ganz fein würfeln und unterrühren. Topfen abschmecken.

Kartoffeln mit einem Pfannenwender vom Blech lösen und sofort mit dem Topfen servieren.

Jede Kartoffelschale, auch die von Bio-Knollen, enthält Giftstoffe, sogenannte Alkaloide, zu denen auch das Solanin gehört. Das schützt die Kartoffeln auf natürliche Art vor Schädlingen, schadet aber unserer Gesundheit. Keime und grüne Stellen sind ein Hinweis auf hohe Alkaloidwerte. Deshalb nur erntefrische Kartoffeln mit Schale essen.

Pellkartoffeln mit grüner Sauce à la Ludwig Freisinger

Für zwei bis drei Personen

600 g neue Kartoffeln

Salz

2 hart gekochte Eier

1 dickes Bund Kräuter für grüne Sauce

100 g saure Sahne

Pfeffer

1 Spritzer Zitronensaft

Die Kartoffeln waschen und in reichlich Salzwasser in 20–25 Minuten gar kochen.

Inzwischen für die Sauce die Eier pellen, grob zerschneiden und in einen Mixer geben. Die Kräuter waschen und trocken schütteln. Blätter abzupfen und ebenfalls in den Mixer geben. Alles mit der Sahne im Mixer fein pürieren und mit Salz, Pfeffer und Zitronensaft abschmecken. Die Kartoffeln abgießen, pellen und zu der Münchner grünen Sauce servieren.

Ludwig Freisinger (Seite 71) stellt an seinem Stand die Kräuter für Goethes Lieblingssauce auf eigenwillige Art zusammen: Wie im Frankfurter Original sind auch in seiner Sauce Kerbel, Pimpinelle, Schnittlauch, Kresse und Sauerampfer dabei. Dazu mischt er jedoch nicht krause, sondern glatte Petersilie, die in Bayern und vor allem von ihm klar bevorzugt wird. Als kleines Extra bindet er zu den klassischen grünen Sieben auch noch ein paar Dillspitzen dazu. Auch die Art der Zubereitung ist unkonventionell: Ludwig Freisinger schmeißt alle Saucenzutaten einfach in den Mixer.

Gewürzkartoffeln mit Minz-Joghurt

Für vier Personen

Kartoffeln

1 kg kleine Kartoffeln

knapp 1 Esslöffel Kreuz-kümmel und Koriandersamen

½ Teelöffel Cayennepfeffer

4 Esslöffel Olivenöl

Salz

Backpapier für das Blech

Dip

½ Bund frische Minze

300 g Joghurt

1 Esslöffel Zitronensaft

Salz, Zucker

Cayennepfeffer

2 Esslöffel Olivenöl

Den Backofen auf 180° vorheizen, ein Blech mit Backpapier belegen.

Die Kartoffeln gründlich waschen und längs halbieren. Kreuzkümmel und Koriander im Mörser mittelfein zerstoßen. Die Mischung mit dem Cayennepfeffer und dem Öl in einer Schüssel verrühren. Die Kartoffeln hinzufügen und gut durchmischen. Die Kartoffeln auf dem Blech verteilen und im Ofen etwa 30 Minuten backen, dabei zweimal wenden.

Die Minze waschen und trocken schütteln, die Blätter fein schneiden. Den Joghurt mit dem Zitronensaft, je einer kräftigen Prise Salz, Zucker und Cayennepfeffer würzen und mit dem Olivenöl glatt verrühren. Die Minze untermischen und den Dip in ein Schüsselchen füllen.

Die Kartoffeln aus dem Ofen nehmen, salzen, auf vier Teller verteilen und mit dem Dip servieren.

Dazu schmeckt ein frischer Gurkensalat.

Der winzige Eckstand mit spanischen Spezialitäten an der Westseite des Marktes war uns aufgefallen: Da hängen Schinken von der Decke, Wurstspezialitäten drängen sich in der Theke, es gibt spanisches Olivenöl der Extraklasse, ein paar ausgesuchte Weine und ein breites Sortiment an Gewürzen in Bio-Qualität. Keinen Käse? Doch! Direkt gegenüber nämlich liegt ein Käsestand: Thomas Lupper und seine Schwester Ursula betreiben beide Stände zusammen, das Sortiment ergänzt sich.

Seit 1992 sind die beiden auf dem Markt. Ursula Lupper hatte vorher ein Tagescafé am Sendlinger Torplatz, etwa zehn Gehminuten vom Markt, in dem ihr Bruder während seiner Ausbildung zum Versicherungskaufmann regelmäßig jobbte. Das lebendige Treiben im Café gefiel ihm entschieden besser als der in Aussicht stehende Bürojob. Die Ausbildung hat er natürlich fertig gemacht, „kaufmännisches Wissen ist schließlich auch hier von Vorteil".

Bis vor einigen Jahren war sein kleiner Eckstand auf Asiatisches spezialisiert. Als Asienläden in München überall wie Pilze aus dem Boden schossen, lohnte sich das nicht mehr. So kam der Schwenk in Richtung Spanien, eine Facette, die am Markt noch fehlte. Thomas Lupper machte sich kundig, reiste auf Messen, suchte die besten Lieferanten – und kann heute ein hochwertiges Sortiment an iberischen Spezialitäten präsentieren.

Von Thomas Lupper stammen die Rezepte für die spanischen Tapas auf Seite 34, die Kartoffel-Chorizo-Spieße hier und die Tortilla auf der übernächsten Seite.

Kartoffel-Chorizo-Spieße

Für vier Stück

8 kleine Grenailles-Kartoffeln

150 g Chorizo

2–3 Esslöffel Olivenöl

1 Knoblauchzehe
(nach Belieben)

Fleur de sel

8 Holzspieße

etwas Öl für die Spieße

Die Kartoffeln waschen, in einem Topf mit Wasser bedecken und in 8–10 Minuten knapp gar kochen. Die Chorizo in ca. 1 cm dicke Scheiben schneiden. 2 Esslöffel Olivenöl in ein Schälchen geben. Nach Belieben den Knoblauch schälen und dazupressen.

Die Kartoffeln abgießen, ausdampfen lassen und ungepellt halbieren. Die Holzspieße einölen und abwechselnd Kartoffelhälften und Wurstscheiben aufspießen.

Die Spieße auf dem Grill oder in einer Pfanne mit einem Esslöffel Öl 4–5 Minuten von allen Seiten braten, dabei gelegentlich mit dem Knoblauch-Öl bestreichen. Vor dem Servieren mit ein wenig Fleur de sel bestreuen.

Kartoffel-Tortilla mit Sobrasada

Für drei bis vier Personen

600 g vorwiegend fest-
kochende Kartoffeln

1 Knoblauchzehe

2 Frühlingszwiebeln

Salz

100 g Sobrasada (mallorqui-
nische Knoblauchwurst)

6 Eier

Cayennepfeffer

Öl zum Ausbacken

Die Kartoffeln schälen und in Pommes-frites-Form schneiden. Den Knoblauch schälen und fein hacken. Die Frühlingszwiebeln putzen, waschen und fein schneiden.

In einer Pfanne 2 cm hoch Öl erhitzen. Die Kartoffelstäbchen trocken tupfen und darin in 5–6 Minuten weich, aber nicht braun frittieren. In der letzten Minute den Knoblauch und die Frühlings-zwiebeln dazugeben und kurz mitbraten. Durch ein Sieb abgießen (das Öl auffangen, es kann wiederverwendet werden!), abtropfen lassen und salzen.

Die Sobrasada häuten und klein schneiden. Die Eier in einer Schüssel mit je einer kräftigen Prise Salz und Cayennepfeffer verrühren, aber nicht schaumig schlagen. Die Sobrasada und die Kartoffelmischung untermengen.

Die Pfanne mit etwas Öl wieder erhitzen, die Eier-Kartoffel-Mischung hineingeben und glatt streichen. 3–4 Minuten bei mitt-lerer Hitze backen. Die Tortilla mithilfe eines flachen Deckels oder eines Tellers wenden und in weiterer 4 Minuten goldgelb backen. Warm servieren oder auskühlen lassen, in Tortenstücke teilen und als Brötchenbelag verwenden.

Schnelle Bandnudeln mit rotem Mangold

Für vier Personen

ca. 6 Stiele junger, roter Stielmangold

Salz

1 Knoblauchzehe

400 g breite Bandnudeln

200 g Sahne

Salz, Pfeffer, Muskatnuss

Parmesan zum Bestreuen

Den Mangold putzen, waschen und in bandnudelbreite Streifen schneiden. In einem großen Topf reichlich Wasser aufkochen und kräftig salzen. Knoblauch schälen und mit den Nudeln ins kochende Salzwasser geben. Sobald das Wasser wieder brodelt, auch die Mangoldstreifen dazugeben und zusammen mit den Nudeln in ca. 8 Minuten bissfest kochen.

Zwischendurch ca. 50 ml Kochwasser abnehmen und in einen Extra-Topf geben. Die Sahne dazugießen und bei großer Hitze cremig einkochen lassen. Sahnesauce mit Salz, Pfeffer und Muskatnuss würzig abschmecken. Die Nudeln mit dem Mangold abgießen, die Knoblauchzehe entfernen. Mangold-Nudel-Mischung in einer vorgewärmten Schüssel mit der Sahnesauce vermischen und mit Parmesan bestreut servieren.

Ein unkompliziertes Nudelgericht, für das Sie je nach Größe auch ein, zwei Mangoldstiele mehr oder weniger verwenden können Die langen roten Stiele können ebenso wie die krausen Blätter gegessen werden. Sie schmecken mild-aromatisch, mit leichter Spargelnote, vor allem intensiver als die weißen Stiele des Staudenmangolds.
.

Orecchiette mit Salsiccia-Sauce

Für drei Personen

3 Schalotten

1–2 Knoblauchzehen

2 Esslöffel Olivenöl

1 Teelöffel Fenchelsamen

150 g rohe Salsicce

1 Schuss Rotwein

1 große Dose stückige Tomaten

1–2 Peperoncini (kleine getrocknete Chilischoten)

Salz, Pfeffer

500 g frische Orecchiette

ca. 80 g geriebener Pecorino

Die Schalotten und den Knoblauch schälen und fein hacken. Das Öl in einem Topf erhitzen, Schalotten, Knoblauch und Fenchelsamen darin anbraten. Die Salsicce aus der Haut drücken, klein schneiden und dazugeben. Einige Minuten unter Rühren mitbraten. Mit einem Schuss Rotwein ablöschen und die Tomaten dazugeben. Die Peperoncini dazubröseln, salzen und pfeffern. Die Sauce aufkochen und bei mittlerer Hitze schmoren, bis die Nudeln fertig sind. Gelegentlich umrühren.

In einem großen Topf Wasser aufkochen, kräftig salzen und die Nudeln darin in 7–8 Minuten bissfest kochen. Dann in ein Sieb abgießen und kurz abtropfen lassen. Die Nudeln unter die Sauce mischen und gleich servieren. Den geriebenen Pecorino auf den Tisch stellen, damit sich jeder selber davon auf seine Portion streuen kann.

Orecchiette bedeutet Öhrchen, die Form der Nudeln sorgt dafür, dass sie die Sauce gut aufnehmen. Das Rezept stammt von Marina Leonhardt (Seite 31), bei der Sie neben den frischen Nudeln auch die rohen *Salsicce* (italienische Würste) und den frisch geriebenen Pecorino bekommen.

Tagliatelle mit Steinpilz-Pesto

Für drei Personen

60 g weiche Butter

1 gehäufter Esslöffel Steinpilzpulver

2 Esslöffel Pinienkerne

3 Esslöffel frisch geriebener Parmesan

1 Esslöffel frisch geriebener Pecorino

Salz, Pfeffer

500 g frische Tagliatelle

4 Esslöffel Milch

1 Stück Parmesan (ca. 40 g)

Die Butter mit dem Steinpilzpulver, den Pinienkernen und den beiden Käsesorten in einem hohen Gefäß mit dem Pürierstab zu einer feinen Paste verarbeiten. Mit Salz und Pfeffer abschmecken.

In einem großen Topf Wasser kochen, kräftig salzen und die Tagliatelle in 3–4 Minuten bissfest kochen. Die Milch in einer großen Pfanne erwärmen und das Steinpilz-Pesto darin glatt rühren und erwärmen. Die Tagliatelle durch ein Sieb abgießen und sofort heiß damit mischen. Auf drei Teller verteilen und nach Belieben feine Parmesanspäne darauf hobeln.

Gnocchi mit Bärlauch-Pesto

Für vier Personen

Gnocchi

850 g mehligkochende
Kartoffeln

120–140 g Mehl

50 g frisch geriebener
Parmesan

Salz, Pfeffer, 1 Ei (Größe L)

Pesto

1 dickes Bund Bärlauch

1 Esslöffel Mandelstifte

Salz

30 g frisch geriebener
Parmesan

3–6 Esslöffel kalt gepresstes
Olivenöl

½ Teelöffel abgeriebene
Bio-Zitronenschale

Pfeffer

½ frische rote Chilischote
(nach Wunsch)

Die Kartoffeln in sprudelnd kochendendem Wasser je nach Größe in 20–30 Minuten weich kochen, abgießen und etwas ausdampfen lassen. Dann pellen und durch die Kartoffelpresse in eine große Schüssel drücken und abkühlen lassen.

Abgekühlten Kartoffelbrei zunächst mit 120 g Mehl, Parmesan, 1 Teelöffel Salz, 1 kräftigen Prise Pfeffer und dem Ei verkneten. Falls der Kartoffelteig zu klebrig ist, noch etwas Mehl unterkneten. 30 Minuten ruhen lassen.

Inzwischen für das Pesto den Bärlauch waschen und trocken tupfen. Grobe Stiele abknipsen, die Blätter grob zerschneiden. Die Mandelstifte in einer Pfanne ohne Fett anrösten und mit dem zerkleinerten Bärlauch, 1 Prise Salz, dem Parmesan und 3 Esslöffeln Olivenöl pürieren. Falls nötig mehr Olivenöl dazugeben. Pesto mit Zitronenschale, Salz und Pfeffer abschmecken. Die Chilihälfte waschen und die Kerne entfernen; sehr fein hacken und unter das Pesto rühren.

Inzwischen aus jeweils knapp 1 Esslöffel Kartoffelteig Knödelchen formen. Knödelchen nebeneinander auf ein bemehltes Brett oder Tablett legen. Mit einer Gabel Rillen eindrücken. Reichlich Wasser aufkochen und salzen. Gnocchi ins sprudelnd kochende Salzwasser geben. Temperatur sofort zurückschalten und Gnocchi bei ganz schwacher Hitze in 5–7 Minuten gar ziehen lassen. Mit einem Schaumlöffel herausheben und mit dem Pesto servieren; frisch geriebenen Parmesan dazu reichen.

Allgäuer Kässpatzen

Für vier bis sechs Personen

750 g Mehl

6 Eier

Salz, Muskatnuss

ca.⅛ l Mineralwasser

250 g geriebener Bergkäse
(z. B. Allgäuer Almkäse,
Gryère, Comté)

50 g Limburger oder Weiß-
lacker (nach Belieben)

3 Zwiebeln

1–2 Esslöffel Mehl

2–3 Esslöffel Butterschmalz

Butter für die Form

Das Mehl in eine Rührschüssel sieben. Die Eier, 1½ Teelöffel Salz und ein wenig frisch geriebene Muskatnuss hinzufügen und so viel Mineralwasser unterrühren, dass ein zähflüssiger Teig entsteht. Den Teig einige Minuten kräftig mit einem Holzlöffel schlagen, bis er Blasen wirft.

In einem großen Topf reichlich Wasser aufkochen, eine Schüssel mit kaltem Wasser bereitstellen. Das kochende Wasser salzen und den Spätzleteig portionsweise durch einen Spätzlehobel (oder eine Spätzlepresse) hineindrücken. Sobald die Spätzle oben schwimmen, mit einem Schaumlöffel herausheben und ins kalte Wasser geben. Wenn alle Spätzle fertig sind, durch ein Sieb abgießen und abtropfen lassen.

Den Backofen auf 175° vorheizen.

Eine ofenfeste Form mit Butter ausstreichen, Spätzle und geriebenen Käse (und falls verwendet den Limburger oder Weißlacker in kleinen Flöckchen) einschichten, mit Käse abschließen. Im heißen Ofen etwa 15 Minuten backen, bis der Käse geschmolzen ist.

Inzwischen die Zwiebeln schälen und in Ringe schneiden. Die Ringe auseinanderlösen und mit ein wenig Mehl bestäuben. Butterschmalz in einer großen Pfanne schmelzen und die Zwiebelringe darin goldbraun und knusprig braten. Leicht salzen und zum Servieren auf den Kässpatzen verteilen.

Dazu schmeckt ein frischer grüner Salat.

Den Bergkäse für die Kässpatzen lassen Sie sich am besten von Gabriela Gerum bei Käse Lindner (Seite 60), von der auch das Rezept stammt, frisch reiben. Limburger oder Weißlacker verleiht dem Gericht noch mehr Würze.

Die Spätzle schmecken auch pur als Beilage zu Wild, beispielsweise dem Rehschlegel mit Preiselbeersauce von Hermann Schiller (Seite 184); die Menge reicht gut für sechs Personen.

Waldpilzrisotto mit Prosecco

Für vier Personen

15 g getrocknete, gemischte Waldpilze oder getrocknete Steinpilze

ca. ¾ l Gemüsebrühe

2 Schalotten

4 Stängel Petersilie

500 g frische, gemischte Waldpilze (z. B. Pfifferlinge, Herbsttrompeten, Steinpilze, Maronen und/oder Rotkappen, Semmelstoppeln und Hirtenpilze)

1 kleine Knoblauchzehe

2 Esslöffel Olivenöl

300 g Risottoreis (Arborio oder Vialone)

1 Glas Prosecco

Salz, Pfeffer

1 Spritzer Zitronensaft

2 Esslöffel Butter

ca. 40 g frisch geriebener Parmesan (und nach Belieben Parmesan zum Bestreuen)

Getrocknete Pilze im Blitzhacker oder Mörser fein vermahlen. Gemüsebrühe erhitzen und mit dem Pilzpulver aromatisieren. Die Schalotten schälen und klein würfeln.

Petersilie waschen und trocken schütteln. Blättchen abzupfen und in feine Streifen schneiden. Die frischen Pilze putzen und trocken abreiben. Einige schöne Exemplare je nach Größe halbieren, vierteln oder ganz lassen und beiseite legen. Die restlichen klein schneiden. Knoblauch schälen und sehr fein hacken.

1 Esslöffel Olivenöl in einer Pfanne erhitzen. Schalotten darin unter Rühren kurz andünsten. Den Reis unterrühren und glasig dünsten. Prosecco dazugießen und unter Rühren bei großer Hitze verdampfen lassen.

Nun die aromatisierte Gemüsebrühe nach und nach bei mittlerer Hitze unter den Reis rühren. Nach ungefähr 15 Minuten Garzeit die klein geschnittenen Waldpilze unterrühren. Bis der Risotto schön sämig ist, die Reiskörner aber noch Biss haben, dauert es noch etwa 5 Minuten.

In dieser Zeit in einer zweiten Pfanne das restliche Öl erhitzen. Die beiseite gelegten Pilze darin bei starker Hitze ca. 3 Minuten braten. Knoblauch kurz mitbraten. Die Pilze mit Salz, Pfeffer, der Hälfte der Petersilie und dem Zitronensaft würzen. Butter, Parmesan und restliche Kräuter unter den fertigen Risotto rühren. Risotto mit Salz und Pfeffer abschmecken und auf vier tiefe Teller verteilen. Die gebratenen Pilze darauf anrichten und – nach Wunsch mit Parmesan bestreut – sofort servieren.

Renate Zollner vom Pilzstand Zollner (Seite 131) ist überzeugt, dass man für ein g'scheites Pilzrisotto unbedingt auch getrocknete Pilze braucht. Fein gemahlen sorgen sie für noch mehr Aroma. Steinpilzliebhaber können für den Risotto auch ausschließlich ihre Lieblingspilze verwenden. Frau Zollner bereitet Risotto auf traditionelle Art zu. Und das bedeutet für den Risotto-Koch: rühren, rühren, rühren!

Risotto mit Gorgonzola, Honigmelone und Garnelen

Für vier Personen

½ Honigmelone

½ Zwiebel

6 Esslöffel Olivenöl
extra vergine

Salz, Pfeffer

400 g Risotto-Reis von Ferron

800 ml Fischfond

1 Knoblauchzehe

250 g rohe, geschälte
Garnelen

1 Schuss Brandy oder
Weißwein

150 g Gorgonzola dolce

Die Melone entkernen, schälen und das Fruchtfleisch klein würfeln. Die Zwiebel schälen und fein hacken. In einer Pfanne 2 Esslöffel Öl erhitzen. Zwiebel und Honigmelone darin ca. 5 Minuten andünsten, salzen und pfeffern.

Gleichzeitig 2 Esslöffel Öl in einem weiten Topf erwärmen und den Reis darin bei schwächster Hitze 5 Minuten anrösten. Melone unterrühren und mit dem Fischfond ablöschen. Noch einmal gut umrühren, dann zugedeckt bei schwächster Hitze ca. 16 Minuten köcheln lassen. Nicht öffnen, damit der Dampf nicht entweichen kann, und nicht umrühren!

Kurz bevor der Risotto fertig ist, den Knoblauch schälen und fein hacken. Garnelen und Knoblauch in der Pfanne im restlichen Öl anbraten. Mit Brandy oder Weißwein ablöschen, salzen und pfeffern. Mit dem Gorgonzola sorgfältig unter den Risotto rühren und diesen noch einige Minuten zugedeckt ruhen lassen.

Wer den Fond selber machen möchte, kauft 300 g ungeschälte Garnelen und kocht deren Schalen aus: Mit 1 gehackten Zwiebel in einem Esslöffel Olivenöl anrösten und mit 1 l Wasser ablöschen. Eine Handvoll Karotten- und Selleriewürfel, 1 Lorbeerblatt und ein wenig Salz dazugeben und ca. 20 Minuten köcheln lassen. Durch ein feines Sieb abseihen.

Marina Leonhardt (Seite 31) bezieht besten Risotto-Reis aus der Veroneser Gegend von Gabriele Ferron: Der stärkereiche *Vialone Nano semifino* ist die perfekte Wahl für das Risotto-Rezept. Besagter Gabriele (genau, Gabriele ist ein italienischer Männername!) hat eine neue Zubereitungsmethode entwickelt, die ideal ist, wenn Sie Gäste bewirten. Anstatt nämlich permanent am Herd zu stehen und zu rühren, können Sie sich zwischendurch ganz entspannt Ihren Gästen widmen. Der Risotto gelingt wie von Zauberhand praktisch von selber.

Rüya Khans Standl-Saison beginnt Ende März mit dem ersten Spargel, den sie von ausgesuchten Spargelbauern aus Abensberg und Schrobenhausen bezieht. Die Chefin des „Münchner Obsttraum" auf dem Obstfreimarkt achtet darauf, dass die cremeweißen Stangen geschlossene Spitzen haben und am Anschnitt feucht sind. Auf Wunsch schält sie das Gemüse auch für ihre Kunden.

Spargel und neue Kartoffeln sind das einzige Gemüse, das sie gemeinsam mit ihrer Südtiroler Mitarbeiterin Rosemarie Bacher verkauft. Im Mai kommen Erdbeeren aus Deutschland dazu. Und wenn am 24. Juni, dem Johannistag, die deutsche Spargelsaison offiziell endet, quellen ihre Holzkisten über mit rotbackigen Aprikosen und dunkelroten Kirschen. Süß-aromatische Marillen holt die rührige Marktfrau persönlich mit dem Kombi aus der österreichischen Wachau. Weinbergpfirsiche und Nektarinen mit weißem und gelbem Fruchtfleisch stammen meist aus Deutschland, Frankreich und Italien. Bei Kirschen und Feigen legt die Münchnerin mit türkischen Wurzeln Wert auf türkische Ware. Süße Weintrauben und frisch geerntete Walnüsse, sogenannte Schälnüsse, sind ihre Standl-Highlights im Herbst. Neben Äpfeln und Birnen, saftigen Orangen, Mandarinen und Zitronen bestimmen im Winter auch Feigen, Datteln und Litschi das Bild. Rüya

Khans Saison auf dem Viktualienmarkt endet an Weihnachten. Dann macht ihr „Münchner Obsttraum" Pause bis zur Spargelsaison im neuen Jahr.

Rüya Khan liebt Spargel auf klassische Art. Pro Person rechnet sie großzügig 500 g. Wenn der Spargel beim Schälen spritzt, ist er schön frisch. Zum klassisch gegarten Spargel serviert sie am liebsten neue Kartoffeln und Sauce Hollandaise, die sie ganz traditionell über einem heißen Wasserbad aufschlägt. Wer's unkomplizierter möchte, findet auf der nächsten Seite zwei kalte Dips: Das Rezept für die Avocadocreme stammt von einer Freundin Rüya Khans. Die Südtirolerin Rosemarie Bacher steuerte die Bozner Sauce bei.

Spargel auf klassische Art mit Sauce Hollandaise

Für vier Personen

Spargel

2 kg Spargel aus Abensberg oder Schrobenhausen

Salz

1 Würfel Zucker

2 Esslöffel Zitronensaft

2 Esslöffel Butter

Sauce Hollandaise

120 g Butter

2 zimmerwarme Eigelb

2 Esslöffel Weißwein

Salz, Pfeffer

1 Spritzer Zitronensaft

Den Spargel schälen, die Enden abschneiden. In einem großen Topf reichlich Wasser mit 1 Teelöffel Salz, Zucker, Zitronensaft und Butter aufkochen. Den Spargel waschen und im kochenden Wasser 12–18 Minuten garen. Die genaue Garzeit richtet sich nach der Dicke der Stangen und der gewünschten Bissfestigkeit.

Für die Hollandaise die Butter in einem kleinen Topf schmelzen und aufkochen lassen, dann vom Herd ziehen, damit die Molke sich absetzen kann. Ein Wasserbad vorbereiten, d. h. Wasser ca. 2–3 cm hoch in einen Topf füllen und erhitzen. Eine zum Topf passende Edelstahlschüssel auf die Arbeitsfläche stellen. Die Eigelbe darin mit 1 Esslöffel Weißwein oder Spargelwasser, Salz und Pfeffer verrühren. Dann die Schüssel über das heiße Wasserbad hängen und die Eiermischung mit dem Schneebesen oder Handrührgerät weißschaumig schlagen. Die flüssige, leicht abgekühlte Butter zunächst tropfenweise dazugeben, dann nach und nach bis auf den Molkerest unterrühren. Noch etwa 1 Minute weiterrühren und dabei erwärmen. Die Sauce darf aber nicht zu heiß werden, sonst gerinnt sie. Wenn sie schön cremig ist, Sauce vom Herd nehmen und mit restlichem Weißwein, Zitronensaft, Salz und Pfeffer abschmecken.

Spargel aus dem Wasser heben und mit der Hollandaise sofort servieren.

Sie können die Sauce noch mit 1 Messerspitze Dijon-Senf oder 2 Esslöffel frisch gehackten Kerbelblättchen aromatisieren.

Avocadocreme

Für vier Personen

½ Bio-Zitrone

2–3 Stängel Basilikum

1 reife Avocado

60 g weiche Butter

Salz, Pfeffer

Tabasco

Die Zitronenhälfte heiß waschen, die Schale fein abreiben, den Saft auspressen. Das Basilikum waschen und trocken schütteln. Die Blätter fein hacken.

Die Avocado halbieren, den Kern entfernen. Das Fruchtfleisch aus den Schalen löffeln und mit einer Gabel fein zerdrücken. Die weiche Butter, Zitronensaft und -schale und das Basilikum unterrühren. Die Creme mit Salz, Pfeffer und Tabasco abschmecken.

Bozner Sauce

Für vier Personen

6 hart gekochte Eier

4 Essiggurken

2 Teelöffel mittelscharfer Senf

1 Teelöffel Olivenöl

2 Esslöffel Mayonnaise

2 Teelöffel Balsamico bianco

1 Esslöffel fein gehackte Petersilie

Salz, Pfeffer

Die Eier pellen, halbieren und das Eigelb auslösen. Eiweiß mit den Gurken sehr fein würfeln.

Das Eigelb mit einer Gabel zerdrücken und mit Senf, Öl, Mayonnaise und Essig glatt rühren. Eiweiß, Gurken und Petersilie unterrühren. Die Sauce mit Salz und Pfeffer kräftig würzen und abschmecken.

Diese Sauce wird in Südtirol traditionell zu weißem Spargel serviert.

Die beiden Saucen passen zu weißem wie zu grünem Spargel und schmecken auch gut zur Ratatouille auf der gegenüberliegenden Seite. Sie sind ideal für die Gästebewirtung, denn sie lassen sich gut vorbereiten.

Frühlings-Ratatouille

Für vier Personen

250 g grüner Spargel

1 Bund Frühlingszwiebeln, am besten rote

1 Knoblauchzehe

2 Karotten

2 Handvoll zarter Blattspinat

150 g Kirschtomaten

2 Esslöffel Pinienkerne

2 Esslöffel Butter

1 Prise Puderzucker

50–100 ml Gemüsefond

1 Handvoll Kerbel

Salz, Pfeffer

Spargel waschen. die Enden abschneiden. Stangen in mundgerechte Stücke schneiden, eventuell halbieren. Die Frühlingszwiebeln putzen, waschen und in Stücke schneiden, das Zwiebelgrün in Röllchen schneiden.

Knoblauch schälen und hacken. Die Karotten schälen und schräg in dünne Scheiben schneiden. Blattspinat waschen und in einem Sieb abtropfen lassen. Tomaten waschen und halbieren.

Die Pinienkerne in einer Pfanne ohne Fett goldbraun anbraten, bis sie duften, dann beiseite stellen. Die Butter in der Pfanne erhitzen. Spargel und Frühlingszwiebeln darin unter Rühren sanft anbraten, aber nicht braun werden lassen. Knoblauch und Karotten dazugeben und unter Rühren mitbraten. Puderzucker darüberstreuen und 50 ml Gemüsefond dazugeben. Gemüse in 8–10 Minuten bissfest garen, bei Bedarf noch etwas Fond angießen. Dann den Spinat und die Tomaten unterrühren und miterhitzen. Kerbel waschen und ohne die groben Stiele klein hacken. Das Gemüse kräftig mit Salz und Pfeffer abschmecken und mit Pinienkernen und Kerbel bestreut servieren.

Mediterrane Dicke Bohnen

Für zwei Personen

1 kg frische Dicke Bohnen

5 vollreife Romatomaten

250 g durchwachsener roher Speck

2 Knoblauchzehen

2 Schalotten

2 Esslöffel Olivenöl

knapp 50 ml Gemüsebrühe

Salz, Pfeffer

Die Bohnen palen. Dazu die „Nähte" der Schoten drücken, bis sie aufplatzen, aufbrechen und die Bohnenkerne mit den Fingern herausstreichen. Falls die Kerne von einer weißlichen Haut umgeben sind, sollten Sie diese ebenfalls entfernen. Bohnenkerne in Wasser (ohne Salz!) 10–15 Minuten kochen, dann abgießen.

Inzwischen die Tomaten mit kochendem Wasser überbrühen und häuten. Stielansatz und Kerne entfernen. Tomatenfleisch klein würfeln. Den Speck ohne Schwarte und Knorpel in feine Würfel schneiden. Knoblauch und Schalotten schälen und würfeln.

Das Öl in einer Pfanne erhitzen. Den Speck darin etwas auslassen und unter Rühren leicht anbraten, dann Knoblauch und Schalotten dazugeben und kurz mitbraten, sie sollen aber nicht dunkel werden. Die Tomaten dazugeben. Alles mit Brühe ablöschen, einige Minuten köcheln lassen, vorsichtig mit Salz und kräftig mit Pfeffer würzen. Die gekochten Bohnen unterrühren. Alles nochmals abschmecken und servieren.

Sie können die Bohnen noch mit frisch gehackter Petersilie bestreuen oder mit knusprig frittierten Salbeiblättchen toppen: Dazu reichlich Öl in einer kleinen Pfanne stark erhitzen. 8–10 frische Salbeiblättchen unter Wenden ca. 2 Minuten bei starker Hitze kross braten. Mit einem Schaumlöffel aus der Pfanne nehmen, auf Küchenkrepp abtropfen lassen und über die Bohnen geben. Salat sofort servieren.

Die kräftigen Hülsenfrüchte heißen auch Saubohnen oder Puffbohnen. Greifen Sie zu, wenn sie im Mai, Juni und Juli frisch in der Schote angeboten werden. Vor dem Genuss machen sie etwas Arbeit. Denn es dauert, bis Sie die Dicken Bohnen aus den Schoten gelöst und alle Häutchen entfernt haben. Doch frisch gepalt und wie in diesem Rezept von Anita Kumpf mediterran gewürzt sind sie eine echte Sommerfreude. Die Marktfrau empfiehlt, im Sommer rund 500 g Schoten pro Person zu nehmen. Davon bleiben etwa 250 g Bohnenkerne übrig. Im Frühjahr geerntete Schoten sind noch nicht so prall gefüllt. Dann braucht man etwas mehr.

Erbsen in Minzebutter

Für zwei Personen

1 kg frische Erbsenschoten

2–3 Esslöffel Butter

3–4 Esslöffel Gemüsebrühe

2–3 Stängel frische Minze

Salz, Pfeffer

Die Erbsen palen. Dazu die „Nähte" der Schoten drücken, bis sie aufplatzen, aufbrechen und die Erbsen mit den Fingern herausstreichen.

Die Butter in einer Pfanne erhitzen. Die Erbsen darin kurz andünsten. Die Brühe dazugeben und die Erbsen zugedeckt je nach gewünschter Bissfestigkeit 5–10 Minuten garen.

Die Minze waschen und trocken schütteln. Die Blättchen in feine Streifen schneiden und unter die Erbsen rühren. Erbsen mit Salz und Pfeffer abschmecken und servieren.

Auberginen im Parmesanmantel

Für vier Personen

1 längliche Aubergine (ca. 300 g)

Salz

300 g Vollmilchjoghurt

1 Knoblauchzehe

1 Stück Salatgurke (ca. 5 cm)

2 Esslöffel Zitronensaft

¼ Teelöffel Zucker

2 Esslöffel Olivenöl

Pfeffer

6 Esslöffel Semmelbrösel

3 Esslöffel frisch geriebener Parmesan

½ Teelöffel getrockneter Thymian

4 Esslöffel Mehl

2 Eier

neutrales Pflanzenöl zum Ausbacken

Die Aubergine waschen und quer in ca. 1 cm dicke Scheiben schneiden, den Stielansatz entfernen. Die Scheiben salzen und 10 Minuten Wasser ziehen lassen.

Inzwischen den Joghurt in eine Schüssel geben. Den Knoblauch schälen und dazupressen. Das Gurkenstück waschen, grob raspeln und dazugeben. Zitronensaft, Zucker und Olivenöl unterrühren und mit Salz und Pfeffer würzig abschmecken.

Semmelbrösel, geriebenen Parmesan und Thymian auf einem Teller mischen. Das Mehl auf einen zweiten Teller geben. Die Eier mit 1 Esslöffel kaltem Wasser in einem tiefen Teller verquirlen. Die Auberginen ausdrücken und mit Küchenpapier trocken tupfen.

In einer großen Pfanne 1 cm hoch Öl erhitzen. Die Auberginenscheiben im Mehl wenden und den Überschuss abklopfen, dann durch das Ei ziehen und schließlich in der Parmesanmischung panieren. Im heißen Öl bei mittlerer Hitze von jeder Seite ca. 3 Minuten ausbacken, bis sie goldbraun und knusprig sind. Auf Küchenpapier abtropfen lassen und mit dem Joghurt-Dip servieren.

Zucchinigratin mit Schafskäse

Für vier Personen

1 Bund Frühlingszwiebeln

1 Knoblauchzehe

600 g Zucchini

200 g mehligkochende Kartoffeln

1 Teelöffel getrockneter Thymian

Salz, Pfeffer

Muskatnuss

3 Esslöffel Olivenöl

150 g milder Schafskäse

150 g Schmand

2 Esslöffel Pinienkerne

Den Backofen auf 200° vorheizen.

Die Frühlingszwiebeln putzen, waschen und in feine Ringe schneiden. Den Knoblauch schälen und fein hacken. Die Zucchini waschen und ohne Stielansatz grob raspeln. Die Kartoffeln schälen und ebenfalls grob raspeln. Alles in einer Schüssel vermengen, mit Thymian, Salz, Pfeffer und Muskat würzen.

Eine flache Auflaufform mit 1 Esslöffel Öl ausstreichen und die Zucchinimischung einfüllen; den Schafskäse zerbröseln, mit dem Schmand verrühren und darauf verteilen. Die Pinienkerne darüberstreuen und das übrige Olivenöl darüberträufeln.

Das Zucchinigratin in den heißen Backofen schieben (Mitte, Umluft 180°) und ca. 30 Minuten backen, bis die Oberfläche leicht gebräunt ist.

Sommergemüse aus dem Ofen mit Koriander-Joghurt

Für vier Personen

3 Esslöffel Olivenöl (+ Olivenöl zum Beträufeln)

1 kleines Bund Koriandergrün

2 kleine Fenchelknollen mit frischem Grün

1 frische, milde, rote Chilischote

Salz, Pfeffer

1 Prise gemahlener Kreuzkümmel

1 Prise gemahlener Koriander

1 kleine Knoblauchzehe

1 große, gelbe Paprikaschote

1 Stange Lauch

2 zarte Zucchini

2 Fleischtomaten

½ Teelöffel Puderzucker

200 g Joghurt

2 Esslöffel Orangensaft

1 Teelöffel abgeriebene Bio-Orangenschale

Den Backofen auf 200° vorheizen.

Eine große Quicheform mit 1 Esslöffel Öl bepinseln. Koriandergrün und eventuell die Petersilie (siehe Tipp unten) waschen und trocken schütteln. Blättchen hacken. Zartes Fenchelgrün abzupfen, waschen und untermischen. Chili waschen, entkernen und ganz fein hacken. Gut 1 Esslöffel Kräuter und die Hälfte der gehackten Chili beiseite legen. Den Rest mit 1 Teelöffel Salz, Pfeffer und den gemahlenen Gewürzen mischen. Die Knoblauchzehe schälen, ganz fein hacken und unterrühren.

Fenchelknollen, Paprika, Lauch und Zucchini waschen, putzen, in mundgerechte Stücke schneiden und jeweils mit etwas Kräuter-Gewürz-Mischung würzen. Das Gemüse nicht mischen, sondern nebeneinander in die Form legen.

Die Tomaten mit kochendem Wasser überbrühen und häuten. Stielansatz und Kerne entfernen. Tomatenfleisch klein würfeln und mit 1 Esslöffel Öl, Salz, Pfeffer und Puderzucker verrühren. Tomatenstückchen über dem Gemüse verteilen. Alles großzügig mit Öl beträufeln und im Ofen (Mitte) 20–25 Minuten garen.

Inzwischen den Joghurt mit Orangensaft und -schale glatt rühren. Beiseite gelegte Kräuter und Chili unterrühren. Mit Salz, Pfeffer und Puderzucker abschmecken und zum Gemüse servieren.

Koriandergrün wird auf dem Viktualienmarkt im Topf und auch im Bund verkauft. Wenn Ihnen das mild-pfeffrige Kraut mit der süßlichen Anisnote zu intensiv schmeckt und duftet, dann mischen oder ersetzen Sie es einfach mit glatter Petersilie.

Biogemüsebau
WIETHALER
Zucchini 6 kg

FENCHEL
DEUTSCHLAND
BIOLAND 4 90

BE
ZUCCHINI
90

Obst und Gemüse aus aller Welt, und zwar in höchster Qualität – das ist kurz gesagt, was Leo's Obst-Standl zu bieten hat. Vom Krautkopf bis zur Alba-Trüffel, vom heimischen Apfel bis zur thailändischen Rambutan – hier bekommen Sie alles. Und was nicht vorrätig ist, kann Christian Maier, wenn es irgendwo auf der Welt angeboten wird, besorgen. Das wissen nicht nur Foodstylisten zu schätzen (und davon gibt es in der Verlagsstadt München eine ganze Menge). Wenn also für eine Fotoproduktion im Dezember Johannisbeeren oder Aprikosen her müssen, ist Herr Maier oft die Rettung. Das galt schon für seinen Schwiegervater Günther Hofmann, der den Stand vor knapp 20 Jahren übernahm. Beide haben ein Faible für beste Lebensmittel und sind eine unerschöpfliche Quelle für Informationen zu alten wie neuen Gemüsesorten und Früchten aus aller Herren Länder. Immer wieder Neues wie beispielsweise die australischen Fingerlimes (Seite 196) zu entdecken und den Gourmets der Stadt bekannt zu machen, ist ihnen eine echte Freude.

Von Herrn Maier stammen die Trüffelrezepte hier und auf den nächsten Seiten, das Rezept für die Tomatensuppe mit Garnelen (Seite 81) und für die Medaillons in scharfer Kokossauce mit exotischen Früchten (Seite 155).

Trüffel-Rührei

Für zwei Personen

4 Eier

1 Périgord-Trüffel (ca. 40 g)

Salz, Pfeffer

2 Esslöffel Butter

Die Eier in eine Schüssel schlagen, die Trüffel dazulegen und zugedeckt 30 Minuten ruhen und die Eier das Aroma annehmen lassen.

Die Trüffel herausnehmen, die Eier salzen und pfeffern und mit einer Gabel verquirlen, aber nicht schaumig schlagen. Die Butter in einer Pfanne aufschäumen, die Eier hineingeben und bei schwacher Hitze langsam stocken, aber nicht trocken werden lassen. Die Trüffel fein dazuhobeln und die Eimasse mit einem Pfannenwender immer wieder zusammenschieben. Das noch feucht glänzende Rührei auf zwei Teller verteilen und mit gebuttertem Toast servieren.

Bandnudeln mit weißen Trüffeln

Für vier Personen

500 g Mehl

5 Eier (L)

2 Esslöffel Olivenöl

Salz

80 g Butter

1 Schuss trockener Weißwein

4 Esslöffel Sahne

1 Alba-Trüffel (28–30 g)

Das Mehl auf die Arbeitsfläche sieben, in die Mitte eine Mulde drücken. Eier, Öl und 1 Teelöffel Salz hineingeben und alles zu einem glatten Teig verkneten. In Klarsichtfolie wickeln und 30 Minuten im Kühlschrank ruhen lassen.

Jeweils ein Viertel des Teiges abschneiden und in der Nudelmaschine immer dünner werdend auswalzen (übrigen Teig zwischendurch in Folie wickeln, damit er nicht austrocknet). Die Teigstreifen durch die Walze für Bandnudeln drehen. Die Nudeln mit Mehl bestäuben, damit sie nicht zusammenkleben, und locker auf der Arbeitsfläche ausbreiten. Mindestens 30 Minuten trocknen lassen.

In einem Topf reichlich Wasser aufkochen, kräftig salzen und die Nudeln darin in 3–4 Minuten bissfest kochen. Die Butter in einer Pfanne aufschäumen, aber nicht braun werden lassen. Mit einem Schuss Weißwein und der Sahne ablöschen und 1 Minute einkochen lassen. Mit Salz abschmecken.

Die Nudeln in ein Sieb abgießen, kurz abtropfen lassen, zur Buttersauce geben und durchschwenken. Auf vier vorgewärmte Teller verteilen und die weißen Trüffel hauchdünn mit einem Trüffelhobel darüberhobeln.

Etwa 7 Gramm pro Portion der edelsten aller weißen Trüffel aus dem Piemont (Oberitalien) empfiehlt Christian Maier von Leo's Obst-Standl für dieses ebenso einfache wie köstliche Gericht. Von September bis Januar ist die richtige Zeit dafür.

Spargelspitzen mit schwarzen Trüffeln

Für zwei Personen

500 g weißer Spargel

500 g grüner Spargel

2 Esslöffel Butter

Salz, Zucker

1 Périgord-Trüffel (ca. 25 g)

Den weißen Spargel schälen und die Spitzen abschneiden (4–5 cm lang, den Rest anderweitig verwenden). Den grünen Spargel waschen und die Spitzen ebenso lang abschneiden (den Rest ebenfalls anderweitig verwenden).

Die Butter in einer Pfanne aufschäumen, aber nicht braun werden lassen. Die Spargelspitzen dazugeben und mit je einer Prise Salz und Zucker würzen. 3–4 Minuten bei mittlerer Hitze sautieren (d. h. dünsten und regelmäßig durchschwenken). Die Trüffel fein darüberhobeln und kurz mit erwärmen. Auf zwei vorgewärmte Teller verteilen und servieren.

Artischocken alla Romana

Für vier Personen

4 große Artischocken

½ Zitrone

8 Knoblauchzehen

Salz, Pfeffer

4 Esslöffel Olivenöl

Dip

1 hart gekochtes Ei

1 Esslöffel kleine Kapern

je ½ Bund Petersilie und Schnittlauch

8 Esslöffel Salatmayonnaise

1 Esslöffel mittelscharfer Senf

Salz, Pfeffer

Die Artischockenstiele knapp unter dem Artischockenboden abschneiden und die Schnittflächen mit der Zitronenhälfte abreiben, damit sie nicht braun werden. Den Knoblauch schälen und die Zehen längs vierteln. Die Artischockenblätter ein wenig öffnen und die Knoblauchviertel dazwischenstecken.

In einem Topf, in dem die Artischocken aufrecht stehend gerade eben Platz haben, 5 Zentimeter hoch Wasser erhitzen. Die Artischocken hineinstellen, kräftig salzen und pfeffern und jeweils 1 Esslöffel Olivenöl darüberträufeln. Zugedeckt 12–15 Minuten bei schwacher Hitze garen.

Inzwischen für den Dip das Ei pellen und fein hacken. Die Kapern abtropfen lassen und sehr fein hacken. Die Kräuter waschen und trocken schütteln, die Petersilie fein hacken, den Schnittlauch in Röllchen scheiden. Mayonnaise und Senf verrühren, Ei, Kapern und Kräuter untermischen und mit Salz und Pfeffer abschmecken. Den Dip in vier Schälchen füllen.

Wenn sich ein Probeblatt leicht aus einer Artischocke herausziehen lässt, sind diese fertig. Aus dem Sud heben, etwas abtropfen lassen und auf Teller setzen. Mit dem Dip und knusprigem Weißbrot servieren.

Ein großer, viereckiger Schirm, darunter Holzkisten mit Obst und Gemüse, appetitlich aufgereiht. Das ist die kleine Bühne von Christine Lang. Seit 35 Jahren führt sie hier Regie. „Am schönsten Platz der Welt", wie sie betont, verkauft sie unter dem grün-weiß gestreiften Plastikdach Zucchini und Zitronengras, Erdbeeren und Weinbergnektarinen, Weißkraut und Pak Choi.

Nachts versucht Christine Lang als eine der ersten in der Großmarkthalle zu sein, um die beste Ware zu ergattern, am liebsten von den Gärtnern aus der Region, die sie schon seit Jahrzehnten kennt. Stolz macht es sie, wenn sie morgens am Stand Raritäten präsentieren kann. Und das sind für die rührige Marktfrau nicht etwa exotische Okraschoten, sondern geschlängelte grüne Gartenbohnen mit kräftigem Aroma oder zarter Blattspinat, der nach ein paar Regenwochen kaum aus heimischem Anbau zu bekommen ist. Im Winter bevorzugt sie Ware aus Frankreich und Italien. Das Gemüse von den ansässigen Gärtnern darf dann auch aus dem Glashaus stammen. Spanische Erdbeeren dagegen würde sie niemals auswählen.

Doch Christine Lang ist nicht nur eine rührige, sondern auch leidenschaftlich gern tanzende Marktfrau, sogar Chefin der Gruppe. Am Faschingsdienstag hat sie auf der großen Bühne inmitten des Marktes ihren großen Auftritt. Dann begeistern sie und ihre Kolleginnen in historischen Kostümen als tanzende Marktfrauen Zuschauer aus München und aller Welt.

Christine Lang empfiehlt uns scharfes Gemüse aus dem Wok (unten), das in Kokosmilchsauce badet.

Scharfes Gemüse aus dem Wok

Für drei bis vier Personen

1 rote Chilischote

1 Stängel Zitronengras

1 walnussgroßes Stück frischer Ingwer

1 kleiner Brokkoli

1 Fenchelknolle

1–2 kleine Pak Choi

1 kleine rote Paprikaschote

1 zarter Zucchino

100 g Zuckerschoten

2 Esslöffel Öl

2–3 Esslöffel Sojasauce

1 Dose Kokosmilch (400 ml)

1 Spritzer Limettensaft

Salz

Die Chilischote putzen, waschen und fein würfeln. Das Zitronengras waschen, äußere Blätter eventuell entfernen, den Stängel am dicken Ende flacher klopfen. Den Ingwer schälen und fein hacken.

Das Gemüse waschen. Brokkoli putzen und in Röschen teilen. Fenchel längs vierteln oder halbieren und ohne den Strunk fein schneiden. Pak Choi halbieren oder vierteln, die Wurzeln entfernen. Paprika waschen, putzen und klein schneiden. Zucchino in dünne Scheiben schneiden. Die Zuckerschoten ganz lassen.

Das Öl in einer großen Pfanne oder einem großen Wok erhitzen. Chili und Ingwer darin anbraten. Brokkoli unterrühren und 1 Minute mitbraten. Dann nacheinander Fenchel, Pak Choi und Paprika dazugeben und jeweils unter Rühren knapp 1 Minute mitbraten. Zum Schluss die Zucchini und Zuckerschoten unterrühren und ebenfalls knapp 1 Minute mitbraten, dabei das Gemüse mit einer Wokschaufel oder einem Pfannenwender wenden. Alles mit Sojasauce würzen. Den Zitronengrasstängel zum Gemüse geben.

Kokosmilchdose vor dem Öffnen gut schütteln. Kokosmilch angießen, aufkochen und etwas einköcheln lassen. Sauce und Gemüse mit Limettensaft, Salz und Sojasauce abschmecken. Wer mag, kann anfangs noch 1 Esslöffel rote Currypaste unterrühren. Das Gemüse im Wok servieren.

Gratinierte Kürbisspalten

Für vier Personen

6 Esslöffel Olivenöl

1 Hokkaido-Kürbis (ca. 1 kg)

Salz, Pfeffer

1 unbehandelte Orange

2 Scheiben altbackenes Toastbrot

1 Knoblauchzehe

2 Esslöffel Mandelstifte

3 Stiele frische Minze

Den Backofen auf 180° vorheizen. Eine große Auflaufform mit einem Esslöffel Öl ausstreichen.

Den Kürbis gründlich waschen, längs teilen, Kerne und Fasern herauskratzen und wegwerfen. Die Kürbishälften in ca. 3 cm breite Spalten schneiden und nebeneinander in die Form legen. Mit Salz und Pfeffer würzen und 3 Esslöffel Öl darübersprenkeln. Für 15 Minuten in den Backofen (Mitte, Umluft 160°) geben.

Inzwischen die Orange heiß abwaschen und abtrocknen; erst die Schale mit dem Zestenreißer in feinen Spänen abziehen, dann den Saft auspressen. Das Toastbrot entrinden, den Knoblauch schälen und etwas zerkleinern. Toastbrot, Mandelstifte, Orangen- schale und Knoblauch in den Blitzhacker geben und mittelfein zerkleinern. Die Minze waschen und trocken schütteln, die Blätter fein hacken und untermischen.

Die Form kurz herausnehmen, die Kürbisspalten mit einer Zange wenden, den Orangensaft angießen. Die Bröselmischung über die Kürbisspalten verteilen und das übrige Öl darüberträu- feln. In 15–20 Minuten im Ofen überbacken, bis der Kürbis weich und die Oberfläche schön gebräunt ist.

Die Schale des aromatischen Hokkaido-Kürbisses ist so dünn, dass man sie gut mitessen kann. Wenn Sie für das Rezept Muskat- oder Butternuss-Kürbis verwenden, diesen schä- len und in etwas dickere Spalten schneiden. Dann bleibt die Garzeit in etwa gleich.

Gratinierter Sellerie

Für vier Personen

½ Zitrone

500 g Knollensellerie

200 ml Gemüsebrühe

1 dicke Frühlingszwiebel

1 Zweig frischer Thymian

knapp 1 Esslöffel Butter (und etwas Butter für die Form)

1 gehäufter Esslöffel Mehl

100–150 ml Milch

30 g frisch geriebener Greyerzer (Gruyère)

Salz, Pfeffer

Muskatnuss

1 Esslöffel frisch geriebener Parmesan

1 Esslöffel Walnusskerne (nach Belieben)

Zitronenhälfte auspressen, den Saft in einer Schüssel mit reichlich kaltem Wasser mischen.

Knollensellerie gründlich abbürsten, schälen, in ½ cm dicke Scheiben schneiden und ins Zitronenwasser legen, damit sie sich nicht verfärben.

Die Gemüsebrühe in einem Topf aufkochen. Selleriescheiben dazugeben und in 10–12 Minuten garen.

Den Backofengrill auf 240° vorheizen.

Die Frühlingszwiebel putzen, waschen und klein hacken. Thymian waschen und trocken schütteln. Die Blättchen abstreifen.

Eine ofenfeste Gratinform mit Butter bestreichen. Den weichen Sellerie aus der Garflüssigkeit heben und in die Form schichten.

Für die Sauce die Butter in einem kleinen Topf erhitzen. Die Frühlingszwiebel darin 2–3 Minuten dünsten. Das Mehl mit dem Schneebesen einrühren und kurz anschwitzen, dann langsam unter Rühren die Milch und die Garflüssigkeit dazugießen. Sauce unter ständigem Rühren aufkochen und köcheln lassen, bis sie sämig wird. Vorsicht, die Sauce brennt leicht an. Greyerzer unterrühren und die Sauce mit Thymianblättchen, Salz, Pfeffer und Muskat würzen. Sellerie mit der Sauce bedecken, mit Parmesan bestreuen, unter dem heißen Backofengrill in 2–3 Minuten goldbraun gratinieren und in der Form servieren.

Wer möchte, hackt noch 1 Esslöffel Walnusskerne und streut sie mit dem Parmesan über das Gratin.

Ihr Arbeitstag beginnt, wenn andere schlafen gehen: um 1 Uhr in der Nacht. Dann lädt Marktfrau und Pilzgroßhändlerin Renate Zollner im oberpfälzischen Bruck kistenweise frische Pilze in ihren Transporter, in der Hauptsaison um die 30 verschiedene Sorten: Steinpilze, Trüffel und Pfifferlinge, Hirtenpilze, Rotkappen, Semmelstoppeln und viele andere mehr. Zunächst fährt sie zur Münchner Großmarkthalle, wo bereits Einzelhändler und Gastronomen auf die tagesfrische Ware warten. Danach geht's zum Viktualienmarkt. Ab sechs Uhr in der Früh baut sie mit Tochter Bianca und Mitarbeitern den Stand auf, ordnet Kisten ein, nimmt am Handy Bestellungen entgegen und putzt, zerkleinert und mischt nebenbei je nach Saison Pfifferlinge, Herbsttrompeten, Steinpilze und Maronen für die Waldpilzmischung, die jeden Tag am Stand frisch vorbereitet und zusammengestellt wird. Vormittags liefert Renate Zollner dann Vorbestellungen aus – an Großgaststätten, Sternerestaurants und auch kleine Bistros.

Am Stand führt mittlerweile Tochter Bianca die Geschäfte. Renate Zollner kehrt nach Bruck zurück, um frische Schwammerl (so heißen Pilze in Bayern) für den nächsten Tag zu organisieren. Mit offizieller Genehmigung von der Regierung der Oberpfalz darf sie für ihren Pilzgroßhandel privat gesammelte Wildpilze aufkaufen. Gegen halb vier am Nachmittag kommen die Oberpfälzer Sammler zu ihr, erfahrene Leute, die schon den Schwiegervater belieferten. Renate Zollner prüft die angebotenen Pilze mit kritischem Blick. Auch Schnecken und Würmer lieben Steinpilze und beißen Löcher hinein. Solche Ware sortiert Renate Zollner aus. Damit auch der Kunde am Marktstand auf den ersten Blick erkennt, dass die Pilze frei von Schnecken- und Wurmfraß sind, schneidet die Chefin große Steinpilze auf.

Stolz ist die Pilzhändlerin, die nebenbei auch ein schönes Pilzkochbuch geschrieben hat, dass sie an ihrem Stand häufig auch seltene Waldpilze und fast vergessene Spezialitäten anbieten kann: Eine Fette Henne, so frisch, dass sie noch herrlich nach Waldboden duftet. Der blumenkohlartig gewachsene Pilz macht beim Putzen etwas Arbeit, belohnt aber mit würzigem, leicht nussigem Geschmack. Herbsttrompeten, die wegen ihres markanten Aromas früher „Trüffel der armen Leute" genannt wurden. Milchbrätlinge, die in Öl ausgebraten werden. Ihre milchige Flüssigkeit im Inneren vermischt sich mit dem Bratfett und wird dann mit Bauernbrot aufgetunkt.

Einer ihrer Lieblingspilze ist der Kaiserling, den Renate Zollner ganz schlicht zubereitet: Sie pellt die Pilze wie hartgekochte Eier, schneidet sie in Streifen und brät sie kurz bei starker Hitze in Butter an. Salzen und mit bissfest gekochten Spaghetti servieren – ein Hochgenuss!

Steinpilz-Carpaccio

Für vier Personen

½ Bund Basilikum

1 kleine Knoblauchzehe

Salz

4–5 Esslöffel Balsamico bianco oder milder Weißweinessig

7 Esslöffel fruchtig-mildes, kalt gepresstes Olivenöl

Pfeffer, Zucker

1 gute Handvoll gemischte Salatblätter

600 g junge frische Steinpilze

Basilikum waschen und trocken schütteln. Knoblauch schälen und fein hacken. Die Kräuterblätter abzupfen, grob hacken und mit dem Knoblauch und 1 Prise Salz im Mörser fein zerreiben. Knapp 4 Esslöffel Essig unterrühren, dann das Öl unterschlagen, bis ein cremiges Dressing entstanden ist. Mit Salz, Pfeffer und eventuell noch etwas Essig und/oder Zucker abschmecken.

Die Salatblätter waschen, trocken schleudern, mundgerecht zerzupfen und auf einer großen Platte oder vier Tellern auslegen.

Die Steinpilze putzen, mit Küchenkrepp abreiben und in dünne Scheiben schneiden. Pilzscheiben auf den Salatblättern anrichten, zum Beispiel fächerartig. Mit dem Dressing beträufeln, nach Wunsch noch mit frischem Pfeffer übermahlen und nach Belieben mit knusprigem Weißbrot servieren.

Das Steinpilz-Carpaccio ist ein herrliches Gericht für ganz junge Steinpilze, die Sie am hellgrünen Futter erkennen.

Sie mögen keine rohen Pilze? Dann braten Sie die Steinpilz-Scheiben auf italienische Art kurz unter Wenden bei großer Hitze in Olivenöl an. Würzen Sie die Pilze mit einer durchgepressten Knoblauchzehe, Salz, Pfeffer und frisch gehackter Petersilie – ein Genuss zu frisch gekochten Tagliatelle.

frische
Schafspolling
100g
€

Tagesangebot
Steinpilze
küchenfertig
100gr. 2,90

Fleischpflanzerl mit Frühlingskräuter-Kartoffel-Salat

Für vier Personen

Kartoffel-Salat

800 g vorwiegend fest-
kochende Kartoffeln

Salz

1 rote Zwiebel

120 ml gut gewürzte
Gemüsebrühe

1 Teelöffel Dijon-Senf

2 Esslöffel Balsamico bianco

Pfeffer

Zucker

1 gute Handvoll Kerbel

1 kleines Bund Schnittlauch

2–3 Stängel Borretsch mit
frischen Blüten oder einige
ungespritzte Gänseblümchen

8 Esslöffel Sonnenblumenöl

1 kleine Gärtnergurke

Fleischpflanzerl

1 Semmel vom Vortag

1 kleine Zwiebel

3–4 Esslöffel Öl

500 g gemischtes Hackfleisch

1 Ei (Größe L)

1 Esslöffel Dijon-Senf

1 Teelöffel Ketchup

Salz, Pfeffer

evtl. ½–1 Esslöffel Semmelbrösel

Für den Salat die Kartoffeln in Salzwasser in 20–30 Minuten weich kochen, abgießen und etwas abkühlen lassen, dann pellen, in dünne Scheiben schneiden und in eine große Schüssel geben. Die Zwiebel schälen, halbieren und sehr fein würfeln.

Die Brühe mit Senf, Balsamico bianco, 1 kräftigen Prise Salz, Pfeffer und 1 Prise Zucker verrühren und aufkochen. Zwiebelwürfel kurz in der Brühe mitkochen, dann alles über die Kartoffeln gießen, mischen und beiseite stellen.

Kerbel und Schnittlauch waschen und trocken tupfen bzw. schütteln. Borretschblüten vorsichtig abzupfen. Borretschblätter mit dem Kerbel fein schneiden. Schnittlauch in Röllchen schneiden. Die Kräuter bis auf 1 Esslöffel mit dem Öl verrühren und unter die Kartoffeln mischen.

Den Salat mindestens 2 Stunden ziehen lassen. Die Gurke streifig schälen, in dünne Scheibchen hobeln und salzen. Gurkenscheibchen leicht ausdrücken und unter den Salat heben. Salat nochmals abschmecken und mit restlichen Kräutern und den Borretschblüten oder Gänseblümchen bestreut servieren.

Während der Salat im Kühlschrank ruht, die Fleischpflanzerl zubereiten. Dafür die Semmel in lauwarmem Wasser einweichen. Zwiebel schälen, sehr fein würfeln und 2–3 Minuten in 1 Esslöffel Öl andünsten. Das Hackfleisch in eine Schüssel geben. Die Semmel fest ausdrücken und mit den Zwiebelwürfeln, Ei, Senf und Ketchup dazugeben. Alles vermengen und mit Salz und Pfeffer kräftig würzen. Falls der Fleischteig zu weich ist, Semmelbrösel untermischen.

Hackfleisch zu ca. 8 kleinen, flachen Fleischpflanzerln formen. Restliches Öl in einer großen Pfanne erhitzen. Die Pflanzerl bei mittlerer Hitze in insgesamt 18–20 Minuten rundherum braun braten und heiß oder kalt zum Kartoffelsalat servieren.

Sie können den Salat auch mit anderen Kräutern zubereiten, z. B. mit einer Mischung aus Minze, Petersilie und Schnittlauch.

Der typische Kartoffelsalat wird in München traditionell mit Brühe gemacht, niemals mit Mayonnaise. Vorwiegend festkochende Kartoffeln eignen sich besonders gut. Sie nehmen die Sauce besser auf als festkochende Sorten, fallen aber nicht auseinander wie mehligkochende.

Schweineohren, Rinderherz oder Kalbsbackerl, Bries oder Kutteln – wer nicht einfach ein Schnitzel in die Pfanne hauen möchte, findet in der Metzgerei von Matthias und Sophie Eisenreich Alternativen. Was bei anderen Metzgern vorbestellt werden muss, haben die Eisenreichs immer im Angebot. Seit über 14 Jahren führen sie ihr Geschäft auf dem Viktualienmarkt. Das Stammhaus steht in Türkenfeld, etwa 25 km westlich von München. Dort haben die Eisenreichs eine Metzgerei mit eigener Schlachtung. Matthias Eisenreich bekommt die Tiere von den bäuerlichen Betrieben aus den umliegenden Gemeinden: Ochsen- und Lammfleisch aus Kottgeisering, Kalbfleisch aus Jesenwang.

In der Filiale am Viktualienmarkt ist meistens seine Frau Sophie Eisenreich zu finden, eine erfahrene Fleischereifachverkäuferin, die sich bestens auskennt. Souverän und mit einem Lächeln leitet sie mit ihrem Sohn Matthias die Filiale am Viktualienmarkt. Viele traditionelle Spezialitäten, die hier in der Theke liegen, sind in modernen Küchen in Vergessenheit geraten. Mit dem richtigen Rezept schmecken sie köstlich, intensiv im Geschmack und dabei preiswert. Doch eins sind sie sicher nicht: Fast Food! Erst durch geduldiges Schmoren werden Kutteln, Kalbsfüße und Schweineschwänze oder Kalbsbackerl zur Delikatesse.

Da Kutteln und Kuheuter nicht roh verkauft werden dürfen, werden sie in der Metzgerei Eisenreich so lange vorgekocht, dass die Kunden sie nur noch kurz erhitzen, nicht stundenlang garen müssen. Und auch die Kuheuter sind bereits gegart. Sie können sie wie Schnitzel zubereiten: Einfach salzen, pfeffern, in Mehl, verquirltem Ei und Semmelbröseln wenden und in reichlich heißem Butterschmalz braun ausbacken.

Als besonderes Schmankerl empfiehlt Sophie Eisenreich Kalbs- und Schweineschnitzel. Denn selbstverständlich gibt es bei ihr auch ausgezeichnetes „normales" Fleisch: Lende, Filet, Gulasch.

Sophie Eisenreich überließ uns die schönen Rezepte für die Kutteln (unten) sowie für die Kalbsbackerln, die gefüllte Kalbsbrust und das Ochsenkotelett auf den nächsten Seiten.

Kutteln und Egerlinge in Rieslingsahne

Für vier Personen

10 g gemischte, getrocknete Waldpilze

1 große Gemüsezwiebel

5 Esslöffel Butter

2 Esslöffel Mehl

½ Teelöffel Kümmel

½ l Geflügelfond

⅜ l trockener Weißwein (z. B. Riesling)

200 g Sahne

100 g Crème fraîche

500 g gekochte Rinderkutteln

1 dünne Stange Lauch

200 g Egerlinge (dunkle Champignons)

je 1 Teelöffel abgeriebene Bio-Zitronenschale und Zitronensaft

3–5 Stängel Basilikum

je 2 Stängel Petersilie und Thymian

Salz, Pfeffer

Die Pilze mit lauwarmem Wasser übergießen und weichen lassen. Die Gemüsezwiebel schälen und hacken. 4 Esslöffel Butter in einem Topf erhitzen. Die Pilze aus dem Wasser heben und mit den Zwiebeln in der Butter leicht anbraten. Mehl und Kümmel darüberstäuben. Fond und Wein dazugießen, aufkochen und alles ca. 20 Minuten köcheln lassen, dann pürieren und durch ein Sieb in einen großen Topf gießen. Sahne und Crème fraîche einrühren. Die Kutteln waschen und gegen die Maserung in ca. ½ cm breite Streifen schneiden, dann unterrühren.

Den Lauch putzen, gründlich waschen und fein schneiden, Die Egerlinge putzen, feucht abreiben und feinblättrig schneiden. Pilze und Lauch in der restlichen Butter 3–5 Minuten anbraten, salzen, pfeffern und zu den Kutteln geben.

Alles erhitzen und bei schwacher Hitze ziehen lassen. Inzwischen die Kräuter waschen und trocken schütteln. Die Blätter klein hacken und zu den Kutteln geben. Kutteln und Sauce mit Salz, Pfeffer, Zitronenschale, -saft und eventuell noch etwas Kümmel abschmecken.

Die schneeweißen Rinderkutteln, die in der Metzgerei Eisenreich verkauft werden, sind bereits weichgekocht. Das heißt die ganzen Kutteln wurden in einem Sud aus Wasser mit grob geschnittenem Suppengemüse und gespickter Zwiebel etwa 1½ Stunden gegart.

Geschmorte Kalbsbackerl

Für vier bis sechs Personen

2 Zwiebeln

2 Karotten

2 Stangen Staudensellerie

je 2 Zweige Thymian und Petersilie

2 Esslöffel Sonnenblumenöl

8 Kalbsbackerl (insgesamt 800–1000 g)

Salz, Pfeffer

1 Esslöffel Mehl

¼ l trockener Rotwein

½ l Kalbsfond oder Rindfleischbrühe

½–1 Teelöffel Honig

Zwiebeln schälen und hacken. Die Karotten schälen und würfeln. Sellerie waschen, putzen und würfeln. Die Kräuter waschen und trocken schütteln. Die Zweige mit Küchengarn zusammenbinden.

Das Öl in einem großen Schmortopf erhitzen. Die Kalbsbackerl trocken tupfen und im Öl in zwei Portionen bei mittlerer bis starker Hitze rundherum anbraten. Fleisch aus dem Topf nehmen, salzen, pfeffern und mit Mehl bestäuben. Zwiebeln, Karotten und Sellerie im Topf anbraten. Mit 1 Schuss Wein ablöschen. 200 ml Fond oder Brühe angießen, Kräutersträußchen und Fleisch dazugeben, aufkochen und zugedeckt bei schwacher bis mittlerer Hitze 2 Stunden schmoren lassen, dabei nach und nach Fond oder Brühe und restlichen Rotwein angießen. Kalbsbackerl immer mal wenden.

Dann das Fleisch aus dem Topf nehmen, die Sauce mit dem Gemüse durch ein Sieb in einen Topf passieren. Sauce aufkochen und evtl. etwas einkochen lassen, mit Salz, Pfeffer und Honig abschmecken. Kalbsbackerl wieder dazugeben und nochmals erhitzen.

Dazu passen Semmelknödel (Seite 153) oder Kartoffelpüree.

Sophie Eisenreich entfernt dicke Fettstücke von den Backerln, pariert das Fleisch aber nicht vollständig, denn Fett ist für sie ein wichtiger Geschmacksträger und gibt der Sauce Aroma. Außerdem schützt es das Fleisch vorm Austrocknen. Wer will, schneidet das Fett nachher einfach weg.

Gefüllte Kalbsbrust

Für sechs Personen

1,5 kg Kalbsbrust
(vom Metzger eine Tasche
einschneiden lassen)

Salz, Pfeffer

1 altbackene Semmel

20 g getrocknete Steinpilze

4 Schalotten

2–3 Stängel glatte Petersilie

2 Esslöffel Butter

70 g ungesalzene Pistazienkerne

250 g Kalbsbrät

1 Ei

Salz, Pfeffer, Muskatnuss

250 g Wurzelgemüse
(Karotte, Sellerie, Lauch)

1 Kalbsknochen

1 Schuss Madeira

100 g Sahne

Küchengarn

Die Kalbsbrust innen und außen mit Salz und Pfeffer würzen. Die Semmel und die Steinpilze jeweils in eine kleine Schüssel geben, mit lauwarmem Wasser übergießen und darin einweichen lassen.

2 Schalotten schälen und hacken. Die Petersilie waschen, trocken schütteln. Die Blätter abzupfen und klein hacken. Petersilie und Schalotten 5 Minuten in der Butter andünsten.

Die Semmel gut ausdrücken. Die Pilze aus dem Wasser heben, trocken tupfen und klein hacken. Semmel und Pilze mit Pistazienkernen, Petersilie, Schalotten, Kalbsbrät und Ei vermengen. Mit Salz, Pfeffer und Muskat kräftig würzen. Füllung in die Kalbsbrust geben. Öffnung mit Küchengarn zunähen.

Den Ofen auf 180° (Umluft 160°) vorheizen.

Das Wurzelgemüse waschen bzw. schälen und klein schnei-den. Mit der gefüllten Kalbsbrust und dem Knochen in einen Bräter geben. Kalbsbrust im Ofen insgesamt 2 Stunden garen, nach ½ Stunde Garzeit etwas heißem Wasser begießen. Die Kalbsbrust darf nicht zu braun oder knusprig werden, dann lässt sie sich nicht schneiden.

Nach 2 Stunden das Fleisch aus dem Bräter nehmen, den Knochen entfernen. Die Sauce mit dem Gemüse durch ein Sieb in einen Topf passieren. Madeira und Sahne dazugießen. Die Sauce aufkochen und evtl. etwas einkochen lassen. Sauce mit Salz und Pfeffer abschmecken. Kalbsbrust aufschneiden und mit der Sauce servieren.

Ochsenkotelett mit Zitronen-Chili-Butter und Pfifferlingen

Für zwei bis drei Personen

Zitronen-Chili-Butter

50 g weiche Butter

¼–½ frische rote Chilischote

einige Blättchen Basilikum, am besten Zitronenbasilikum

Salz

1 Prise abgeriebene Bio-Zitronenschale

1 frische kleine Knoblauch-zehe

Ochsenkotelett

1 Ochsenkotelett (à ca. 800 g, ca. 4 cm dick)

1 Esslöffel Butterschmalz

Salz, Pfeffer

Pfifferlinge

200 g Pfifferlinge

1 Esslöffel Mehl

3 Stängel Basilikum, am besten Zitronenbasilikum

Salz, Pfeffer

Für die Zitronen-Chili-Butter die weiche Butter glatt rühren. Chili-stück entkernen, waschen und ganz fein hacken. Basilikumblät-ter waschen, gut trocken tupfen und ganz fein hacken. Mit Salz, Chili und Zitronenschale unter die Butter rühren. Knoblauch schälen, dazupressen und unterrühren. Butter abschmecken und eventuell nachsalzen. Butter im Kühlschrank fest werden lassen.

Das Ochsenkotelett 2 Stunden vor der Zubereitung aus dem Kühlschrank nehmen und Zimmertemperatur annehmen lassen.

Den Backofen auf knapp 100° (Ober- und Unterhitze; Umluft nicht geeignet) vorheizen.

Butterschmalz in einer Pfanne nicht zu stark erhitzen. Das Ochsenkotelett am Knochen leicht einschneiden, aber nicht völlig abtrennen, salzen, pfeffern und 3–4 Minuten von jeder Seite sanft braten. Auch die Seitenränder und das Fett anbraten. Dann das Fleisch auf den Rost in den heißen Backofen (Mitte) geben – Backblech darunterschieben! – und das Kotelett 20 Minuten garen. Anschließend das Kotelett aus dem Ofen nehmen und ein paar Minuten neben dem abgeschalteten Ofen zugedeckt ruhen lassen.

Inzwischen die Pfifferlinge putzen, Stiele kürzen. Pilze mit Mehl bestäuben (das bindet eventuellen Dreck zwischen den Lamellen), ganz kurz in stehendem Wasser waschen und in ei-nem Sieb abbrausen. Pilze mit Küchenkrepp sehr gut trocken tupfen. Basilikum waschen und trocken schütteln, Blätter in feine Streifen schneiden.

Bratfett in der Pfanne erneut erhitzen, Pilze 3–4 Minuten bei großer Hitze braten. Mit Salz, Pfeffer und Basilikum würzen.

Pfifferlinge über das Kotelett geben, die Zitronen-Chili-Butter darauf zerfließen lassen und alles gleich servieren.

Wenn Sie das Ochsenkotelett nach der von Frau Eisenreich vorgeschlagenen Niedrigtem-peraturmethode zubereiten, wird es knapp medium mit rosa bis leicht rotem Kern. Wer es blutiger mag, nimmt es ein paar Minuten früher aus dem Ofen. Wollen Sie es durchge-braten essen, lassen Sie es etwas länger drin. Das Kotelett nicht zu scharf anbraten, sonst trocknet die Oberfläche im warmen Ofen aus.

Ochsenschwanz in Rotwein mit Orangen-Gremolata

Für vier bis sechs Personen

Ochsenschwanz

2–3 Gemüsezwiebeln
(ca. 750 g)

2 Knoblauchzehen

1 Stück Knollensellerie
(ca. 150 g)

1 Karotte

1 Esslöffel einfaches Olivenöl

1 Ochsenschwanz (ca. 1400 g,
vom Metzger in 5-cm-Stücke
sägen lassen)

200 ml Rindfleischfond
(aus dem Glas)

1 Esslöffel getrockneter
Thymian

Salz, Pfeffer

1 getrocknete Chilischote

1 Esslöffel Tomatenmark

2–3 Esslöffel getrocknete Pilze

½ l trockener Rotwein

1 Schuss Orangenlikör

Gremolata

1½ Bund Petersilie

1 Bio-Orange

Salz

1 gute Prise Chilischrot

Gemüsezwiebeln, Knoblauch, Sellerie und Karotte schälen und klein würfeln.

Das Olivenöl in einem großen Schmortopf erhitzen. Ochsenschwanzstücke in zwei Portionen darin von allen Seiten ca. 5 Minuten sanft anbraten, dann aus dem Topf nehmen. Die Gemüsewürfelchen in den Topf geben und bei großer Hitze bräunen lassen.

Das Fleisch auf das Gemüse setzen. Den Fond angießen und aufkochen. Dann die Hitze reduzieren. Fleisch und Gemüse mit Thymian, Salz und zerkrümelter Chilischote bestreuen und zugedeckt 1 Stunde bei kleiner bis mittlerer Hitze schmoren lassen. Dann das Tomatenmark und die Pilze dazugeben. Den Rotwein dazugießen. Fleisch und Gemüse jetzt bei kleiner Hitze zugedeckt noch gut 2 Stunden weiterschmoren lassen, dabei ab und zu wenden. Falls nötig, Wasser angießen.

Ochsenschwanzstücke aus der Sauce fischen. Das Fleisch mit einem spitzen Messer und einer Gabel vom Knochen lösen. Die Sauce durch ein Sieb passieren und etwas abkühlen lassen. Eventuell Fett von der abgekühlten Sauce ablöffeln, aber nicht wegwerfen. Darin kann man noch sehr gut Gemüse anbraten. Für die Orangen-Gremolata die Petersilie waschen und trocken schütteln. Die Blättchen fein hacken. Die Orange waschen und trocken reiben. Die Schale hauchdünn abreiben und mit Petersilie, Salz und 1 Prise Chilischrot mischen.

Das Fleisch wieder in die Sauce geben, alles erhitzen und mit 1 Schuss Orangenlikör, Salz und Pfeffer abschmecken und mit der Gremolata bestreut servieren.

Dazu schmecken al dente gekochte Pappardelle.

Nichts für Ungeduldige! Das Schmorgericht muss mindestens 3 Stunden köcheln. Doch wer warten kann, wird mit mürbem Fleisch und einer traumhaften, tiefdunklen Sauce belohnt.

Boeuf Stroganoff

Für vier Personen

600 g Rinderfiletspitzen

2 Zwiebeln

2 Tomaten

100 g Champignons

60–80 g Butter

Salz, Pfeffer

Paprikapulver

120 g Sahne

Zitronensaft

Das Rinderfilet in kurze Streifen scheiden. Die Zwiebeln schälen, längs halbieren und in feine Spalten schneiden. Die Tomaten mit kochendem Wasser überbrühen, häuten, entkernen und in Streifen schneiden. Die Champignons putzen und in Scheiben schneiden.

Den Backofen samt einer ofenfesten Form auf 70° vorheizen.

Die Champignons in 1 Esslöffel Butter in einem Pfännchen einige Minuten dünsten, beiseite stellen. Die übrige Butter in einer Pfanne aufschäumen und das Fleisch darin von allen Seiten goldbraun braten. Mit Salz und Pfeffer würzen, in die Form geben und das Fleisch im Ofen warm halten.

Die Zwiebeln im Bratfett goldgelb anbraten. Die Tomaten dazugeben und unter Rühren weich dünsten. Mit ein wenig Paprikapulver würzen. Die Sahne angießen, aufkochen und etwas einkochen lassen. Die gedünsteten Champignons untermischen, mit Salz, Pfeffer und Zitronensaft abschmecken und über die Filetstreifen gießen. Als Beilage empfiehlt Frau Friedl Reis, Kartoffeln, Kartoffelpüree oder einfach ein Stück Baguette.

„Sind Sie die Bauer Hella aus der Buttermelcherstraße?" wird sie ab und an von älteren Kunden gefragt, die schon in der Metzgerei ihrer Eltern dort (nur 5 Gehminuten vom Markt entfernt) eingekauft haben. Ja, Frau Friedl ist eine echte Münchnerin, auch wenn sie mittlerweile mit ihrer Familie ein wenig außerhalb in Hohenbrunn lebt. Dort führt ihr Mann Manfred den Betrieb, in dem etwa drei Viertel der in der „Landmetzgerei Friedl" angebotenen Ware hergestellt werden. Auch Manfred Friedl stammt aus einer Metzgerfamilie, seine Eltern besaßen über 50 Jahre ein Geschäft in Haidhausen (im Münchner Osten). Seit 18 Jahren nun haben sie den Laden am Viktualienmarkt. Neben einem umfassenden Angebot an Fleisch aus der Region gibt es Leberkäse, Weißwürste, gekochten Schinken, Presssack, Leberwurst und vieles mehr aus hauseigener Produktion. Geflügelwurst und Spezialitäten wie Parma- und Serrano-Schinken kaufen sie aus bewährten Quellen hinzu. „Ungefähr zwei Drittel unserer Kunden sind Stammkunden, die verlassen sich auf gleichbleibend beste Qualität." Die ist Frau Friedl ebenso wichtig wie ein gutes Betriebsklima: „Einige unserer Mitarbeiter sind schon seit Jahrzehnten bei uns." Das schätzen auch die Kunden, die beim Einkauf gerne mal ein Schwätzchen mit „ihrer" Verkäuferin halten. Frau Friedl hat uns ihre Rezepte für den Kalbsbraten auf Seite 150, den Krustenbraten auf Seite 152 und das Boeuf Stroganoff hier verraten.

Kalbsbraten und Spargel mit Kerbelbutter

Für vier Personen

Kalbsbraten

4 Schalotten

1,2 kg Kalbsbraten
(Nuss oder Schulter)

Salz, Pfeffer

2 Esslöffel Butterschmalz

150 ml trockener Weißwein

250 ml Kalbsfond

Spargel

1,2 kg weißer Spargel

Salz, Zucker

150 g weiche Butter

1 Bund Kerbel

½ Bio-Zitrone

Pfeffer

Bratschlauch

Den Backofen auf 180° vorheizen.

Die Schalotten schälen und fein hacken. Das Fleisch kalt abwaschen, trocken tupfen, salzen und pfeffern. Butterschmalz in einem Bräter erhitzen und den Braten bei mittlerer Hitze in 7–8 Minuten von allen Seiten anbraten. Herausnehmen und die Schalotten im Bratensatz anbraten. Mit dem Wein ablöschen und 3 Minuten einkochen lassen. Die Hälfte des Fonds angießen, den Braten wieder einsetzen und offen im Backofen (Mitte) 45 Minuten garen.

Inzwischen den Spargel schälen und die Enden abschneiden. Den Spargel mit je ½ Teelöffel Salz und Zucker bestreuen und in den Bratschlauch geben. Zwei Drittel der Butter schmelzen, darüberträufeln und den Bratschlauch verschließen.

Den Kalbsbraten wenden, den übrigen Fond abgießen. Den Spargel auf einem Blech mit in den Backofen geben (den Kalbsbraten im unteren, Spargel im oberen Drittel einschieben). 30–35 Minuten (je nach Dicke der Spargelstangen) garen.

Inzwischen den Kerbel waschen, trocken schütteln und fein hacken. Die Zitronenhälfte heiß abwaschen, abtrocknen und die Schale fein abreiben. Kerbel und Zitronenschale unter die restliche Butter rühren, mit Salz und Pfeffer abschmecken. Die Kerbelbutter auf ein Stück Alufolie geben, zu einer Rolle formen und im Kühlschrank fest werden lassen.

Den Ofen ausschalten und den Braten herausnehmen; 5 Minuten zugedeckt ruhen lassen. Den Bratensatz mit etwas Wasser vom Rand loskochen, die Sauce durch ein feines Sieb in einen Topf abgießen, aufkochen und mit Salz und Pfeffer abschmecken.

Den Spargel aus dem Ofen nehmen und die Folie öffnen (Vorsicht, es entweicht sehr heißer Dampf!). Den Spargel auf vier vorgewärmte Teller geben und die flüssige Butter aus dem Schlauch darüberträufeln. Den Braten in Scheiben schneiden, daneben anrichten und mit ein wenig Sauce überziehen. Die Kerbelbutter in Scheiben schneiden und auf den Spargel geben.

Dazu passen Pellkartoffeln (z. B. Grenaille).

Das Rezept für den Kalbsbraten stammt von Hella Friedl (Seite 149), das für den Spargel von Florian Brummer (Seite 211)

Krustenbraten mit Biersauce

Für vier Personen

1 Teelöffel Kümmel

½ Teelöffel getrockneter Majoran

2 Knoblauchzehen

1 Esslöffel neutrales Pflanzenöl

1,2 kg Schweinebraten mit Schwarte (Schulter)

Salz

1 Bund Suppengrün (Karotte, Lauch, Knollensellerie, Petersilienwurzel)

1 Handvoll in Stücke gehackte Schweinerippchen und/oder Schweineschwänzchen

2 Zwiebeln

⅜ l helles Bier

Den Backofen auf 180° (Ober- und Unterhitze) vorheizen.

Den Kümmel hacken, den Majoran rebeln, den Knoblauch schälen und durchpressen. Alles mit dem Öl verrühren. Das Fleisch trocken tupfen, die Schwarte mit einem scharfen Messer rautenförmig einschneiden. Den Braten rundherum salzen und mit der Würzmischung einreiben. Mit der Schwarte nach unten in einen Bräter legen und eine Tasse heißes Wasser angießen. In den Ofen schieben und 30 Minuten garen.

Inzwischen das Suppengrün waschen bzw. schälen und klein würfeln. Die Knochen kalt abwaschen und trocken tupfen. Die Zwiebeln schälen und grob hacken. Den Braten wenden, Knochen, Suppengrün und Zwiebeln darum herum verteilen. Den Schweinebraten gut 1½ Stunden braten, dabei die Kruste regelmäßig mit ein wenig Bier begießen, damit sie knusprig aufspringt. Immer wenn die Sauce vollständig eingekocht ist und dunkel zu werden beginnt, eine weitere Tasse Wasser angießen. Den Schweinebraten herausnehmen und zugedeckt 10 Minuten ruhen lassen. Das übrige Bier zur Sauce geben, auf dem Herd aufkochen und den Bratensatz vom Bräterrand loskochen. Die Sauce nach Belieben durch ein feines Sieb abgießen (oder nur die Knochen herausfischen), nach Wunsch passieren und mit Salz und Pfeffer abschmecken. Den Braten quer zur Faser in Scheiben schneiden und mit der Sauce auf vorgewärmten Tellern servieren.

Dazu schmecken Semmelknödel (nächste Seite oder bei der Landmetzgerei Friedl fertig gekauft) oder Kartoffelknödel (Seite 158).

Semmelknödel

Für acht kleinere Knödel

8–10 altbackene Semmeln
knapp 300 ml heißer Milch
1 Zwiebel
2–3 Stängel glatte Petersilie
1 Esslöffel Butter
3 Eier (Größe L)
Salz, Pfeffer, Muskatnuss

Die Semmeln klein schneiden und mit der Milch übergießen. Semmeln mindestens 20 Minuten ziehen lassen. Inzwischen die Zwiebel schälen und würfeln. Die Petersilie waschen, trocken schütteln und fein hacken.
Die Butter erhitzen. Die Zwiebelwürfel mit der Petersilie darin in ca. 5 Minuten weich dünsten. Dann mit den Eiern unter die Semmelmasse mischen. Masse mit Salz, Pfeffer und Muskatnuss kräftig würzen und zu 8 kleinen Kugeln formen. Knödel in kochendes Salzwasser geben. Temperatur sofort herunterschalten und Knödel bei kleiner Hitze ca. 15 Min ziehen lassen. Mit einem Schaumlöffel herausheben und sofort servieren

In den Bäckereien am Viktualienmarkt bekommen Sie auch abgepacktes, fertig geschnittenes Knödelbrot. Wer auf Nummer sicher gehen will, gart zunächst einen Mini-Probeknödel. Falls er im Wasser zerfällt, mischen Sie noch Semmelbrösel unter den übrigen Teig.

Filetschnitzelchen in Senfpanade

Für vier Personen

450 g Schweinefilet

Salz, Pfeffer

3–4 Esslöffel Mehl

2 Eigelb

2 Esslöffel grobkörniger

süßer Senf

ca. 100 g Semmelbrösel
zum Panieren

Butterschmalz zum
Ausbacken

Zitronenschnitze

Das Schweinefilet trocken tupfen und in 8 dickere Scheiben schneiden. Scheiben mit dem Handballen etwas flach drücken.

Schnitzelchen nebeneinander auf ein großes Brett legen, salzen und pfeffern.

Drei tiefe Teller bereitstellen: In einen Teller das Mehl geben, in einem die Eigelbe mit dem Senf verquirlen, im dritten die Semmelbrösel häufeln.

Filetscheiben in Mehl wenden, überschüssiges Mehl abklopfen. Dann die Schnitzel in der Eigelbmischung und anschließend in den Semmelbröseln wenden.

Inzwischen reichlich Butterschmalz in einer großen Pfanne stark erhitzen – die Schnitzel müssen im Fett schwimmen. Bei starker Hitze je nach Dicke auf jeder Seite in 2–4 Minuten goldbraun braten. Herausheben, auf Küchenpapier abfetten lassen und mit Zitronenschnitzen zum Beträufeln servieren. Die Schnitzel schmecken auch kalt ausgezeichnet.

Dazu passen Kartoffelsalat (Seite 139) oder Bratkartoffeln.

Medaillons mit exotischen Früchten

Für zwei bis drei Personen

400 g Schweinefilet

3–4 Esslöffel Fischsauce

1 Babyananas

1 Mango

1 Papaya

1 große rote Chilischote

2 Esslöffel neutrales Öl

1 Dose Kokosmilch (400 ml, ungeschüttelt)

1–2 Esslöffel rote Currypaste (je nach gewünschter Schärfe)

½ Esslöffel Palmzucker (oder brauner Rohrzucker)

6 Kaffirlimettenblätter

2–3 Esslöffel Limettensaft

Das Fleisch in etwa 3 cm dicke Medaillons schneiden und in einer Schüssel mit 3 Esslöffeln Fischsauce mischen. Zugedeckt marinieren, bis die übrigen Zutaten vorbereitet sind.

Von der Ananas den Schopf entfernen, die Frucht schälen, längs vierteln, den Strunk herausschneiden und das Fruchtfleisch klein würfeln. Die Mango schälen, das Fruchtfleisch längs vom Stein schneiden und ebenfalls würfeln. Die Papaya längs halbieren und die schwarzen Kerne entfernen, die Hälften schälen und das Fruchtfleisch klein schneiden. Die Chilischote längs aufschneiden, entkernen, waschen und fein schneiden.

Den Backofen samt einer ofenfesten Form auf 80° vorheizen.

Eine Pfanne erhitzen, das Öl hineingeben. Die Medaillons trocken tupfen und darin von jeder Seite 1–2 Minuten braten, in die Form im Backofen geben.

Von der Kokossahne, dem dicken Teil, der sich in der Kokosmilchdose oben abgesetzt hat, 4–5 Esslöffel abnehmen und in der Pfanne sprudelnd aufkochen. Die Currypaste sorgfältig unterrühren. Die Mischung bei mittlerer Hitze etwa 2 Minuten ohne Umrühren braten, bis an der Oberfläche rotes Öl austritt. Die übrige Kokosmilch angießen und den Palmzucker unterrühren. Die Limettenblätter waschen, die Blattränder mehrfach einreißen und dazugeben. Alles unter Rühren 2–3 Minuten cremig einkochen lassen.

Die Früchte und die Chilischote unter die Kokossauce mischen, aufkochen und mit übriger Fischsauce und Limettensaft würzig abschmecken. Über die Schweinemedaillons gießen und noch 5 Minuten im Ofen durchziehen lassen. Dazu schmeckt thailändischer Duftreis oder indischer Basmatireis.

Aromatische reife Babyananas, Mango und Papaya bekommen Sie bei Herrn Maier von Leo's Obst-Standl, von dem auch das Rezept stammt.

„Wie sind Sie denn gerade auf mich gekommen?", fragt Marianne Rühl bescheiden, als wir wegen dieses Buches bei ihr vorstellig werden. Tatsächlich reiht sich in der sogenannten Metzgerzeile am Westrand des Viktualienmarktes Laden an Laden. Wie immer war unsere Wahl subjektiv, und doch begründet: Bestes frisches Lammfleisch aus der Region hat sie anzubieten, dazu weithin bekannte fränkische Bratwürste (siehe Seite 55), die sie nach altem Familienrezept täglich frisch herstellt. Und dass sie eine ausgezeichnete Köchin sein muss, hatten wir schon öfter mitbekommen, wenn sie ihre Kunden beriet.

Frau Rühl stammt aus einer Metzgerei in Schwabach (etwa 15 km südlich von Nürnberg) mit über hundertjähriger Tradition, die mittlerweile in der fünften Generation von ihrem Neffen geführt wird. Sie selbst lernte im Familienbetrieb und ging dann als junge Frau zur Firma Houdek nach München. Sie leitete deren Filiale am Viktualienmarkt, bis sie diese 1986 selbst übernehmen konnte. Für alte Stammkunden hält sie nach wie vor schlesische Spezialitäten bereit, für die Hudek bekannt war. Woher sie ihre Ware bezieht? Herr Rüdrich, der ihr seit vielen Jahren zur Seite steht, kauft täglich frisch am Schlachthof ein. Einfach liefern lassen? „Nein, nein, man muss die Ware schon sehen." Ihre Kunden verlassen sich schließlich darauf, dass die Qualität stimmt!

Suppenfleisch mit Meerrettich

Für vier bis sechs Personen

500 g Rinderknochen

1 Esslöffel neutrales Öl

1 Teelöffel Obstessig

1 Zwiebel

1,2 kg Rindfleisch (z. B. Brust)

½ Teelöffel schwarze Pfefferkörner

Salz

1 Karotte

1 Petersilienwurzel

1 dünne Stange Lauch

1 Stück Sellerieknolle (etwa 50 g)

1 Stück Meerrettichwurzel

Meersalz

Die Knochen kalt abwaschen und abtrocknen. Das Öl in einem Suppentopf erhitzen und die Knochen darin bei mittlerer Hitze langsam kräftig dunkelbraun anrösten. Mit 3 l Wasser auffüllen, Obstessig dazugeben und zum Kochen bringen. Inzwischen die Zwiebel ungeschält quer halbieren, mit den Schnittflächen in eine kleine Pfanne geben und dunkelbraun anrösten.

Sobald das Wasser kocht, das Fleisch abwaschen und einlegen. Zwiebelhälften, Pfefferkörner und einen Teelöffel Salz hinzufügen. Wieder aufkochen lassen und den aufsteigenden grauen Schaum abschöpfen. Die Hitze so regulieren, dass die Suppe nur ganz schwach köchelt (sprudelnd kochend würde sie trüb werden!), und etwa 1½ Stunden offen kochen lassen.

Das Gemüse putzen bzw. schälen und in grobe Stücke schneiden. Zur Suppe geben und diese etwa 1 weitere Stunde sanft kochen lassen.

Das Fleisch herausnehmen und quer zur Faser in Scheiben schneiden. Auf Teller geben, jeweils mit ein paar Esslöffeln Suppe befeuchten und etwas Meerrettich fein darüberraspeln. Meersalz und Pfeffermühle auf den Tisch stellen, damit jeder sein Fleisch selber würzen kann.

Die Suppe durch ein feines Sieb abseihen, die Knochen und das Gemüse nur abtropfen lassen, nicht ausdrücken, dann bleibt sie schön klar. Mit Salz abschmecken und zum Beispiel für die Fränkische Hochzeitssuppe (Seite 76) verwenden.

Die beim Anrösten von Knochen und Zwiebel entstehenden Röststoffe geben der Suppe Aroma und eine schöne Farbe. Der Obstessig, so Frau Rühl, sorgt dafür, dass sich die Mineralstoffe gut aus den Knochen lösen.

Fränkisches Schäuferle mit Kartoffelknödeln

Für vier Personen

Schäuferle

1 Schäuferle (Schweine-
schulter mit Knochen, ohne
Schwarte, 1200–1600 g)

1 Handvoll Schweineknochen

2 große Zwiebeln

1–2 Knoblauchzehen

1–2 Karotten

1 dünne Stange Lauch

1 Stück Sellerieknolle

Salz, Pfeffer

1 Esslöffel Schweineschmalz
(oder Öl)

½ l Fleisch- oder Gemüse-
brühe

½ Teelöffel gemahlener
Koriander

½ Teelöffel gemahlener
Kümmel

1–2 Esslöffel dunkler Saucenbinder (nach Belieben)

Kartoffelknödel

1 kg mehligkochende
Kartoffeln (z. B. Bintje)

2 Scheiben altbackenes
Toastbrot

1 Esslöffel Butter

2 Eier

Salz

4–5 Esslöffel Kartoffelstärke

Den Backofen auf 150° vorheizen.

Das Schäuferle und die Knochen kalt abwaschen und trocken tupfen. Zwiebeln, Knoblauch und das Gemüse putzen, waschen bzw. schälen und klein schneiden.

Das Fleisch salzen und pfeffern. Das Schmalz in einem Bräter erhitzen und das Schäuferle bei mittlerer Hitze von allen Seiten braun anbraten. Kurz herausheben und die Knochen und das Röstgemüse im Bräter anbraten. Mit etwa einem Drittel der Brühe ablöschen. Das Fleisch mit Koriander und Kümmel wür-zen, mit der Fettseite nach unten in den Bräter setzen und ca. 2 Stunden im Ofen braten, dabei nach und nach die übrige Brühe angießen.

Für die Knödel ein Drittel der Kartoffeln waschen, in einen Topf geben und mit Wasser bedecken. Halb zugedeckt in ca. 25 Minuten weich kochen. Inzwischen das Toastbrot entrinden und klein würfeln. In der Butter in einem Pfännchen goldbraun braten und beiseite stellen.

Die Kartoffeln abgießen, ausdampfen lassen, pellen und noch warm durch die Kartoffelpresse drücken. Die übrigen (rohen) Kartoffeln schälen und fein reiben. In ein festes Küchentuch geben, dieses fest zusammendrehen und die ganze Flüssigkeit herauspressen. Gekochte und rohe Kartoffeln zusammen in eine Schüssel geben. Die Eier und 1 Teelöffel Salz hinzufügen und alles gut verkneten. So viel Kartoffelstärke hinzufügen (hängt vom Stärkegehalt der Kartoffeln ab) und unterkneten, bis ein gut formbarer Teig entsteht.

Den Braten wenden, die Ofentemperatur auf 180° erhöhen und das Schäuferle in etwa 30 Minuten fertig braten.

In einem großen Topf Wasser aufkochen und kräftig salzen. Aus der Kartoffelmasse mit angefeuchteten Händen 8 Knödel formen, etwas von den Brotwürfeln in die Mitte drücken und den Teig darüber wieder gut schließen. Ins kochende Wasser geben und bei schwacher Hitze in ca. 20 Minuten gar ziehen lassen, bis die Knödel oben schwimmen und sich drehen.

Den Braten herausheben und 10 Minuten zugedeckt ruhen las-sen. Den Bratensatz vom Bräterrand unter Rühren loskochen (eventuell ein wenig Wasser angießen) und durch ein feines Sieb in einen Topf abgießen, Gemüse und Knochen gut abtropfen lassen. Die Sauce nach Belieben binden und mit Salz und Pfeffer abschmecken. Den Braten in Scheiben vom Knochen schneiden und mit Knödeln und Sauce auf vorgewärmte Teller geben.

Das urfränkische Bratenrezept stammt von Frau Rühl, das für die Kartoffelknödel von Herrn Luber (Seite 89).

Gegrillte Lammkoteletts mit Zucchini und Rosmarinkartoffeln

Für zwei Personen

400 g kleine Kartoffeln (z. B. Grenaille)

3 kleine Zucchini (je 100 g)

4–5 Rosmarinzweige

3 Esslöffel Olivenöl

4 doppelte Lammkoteletts (je ca. 140 g)

Salz

1 Knoblauchzehe

½ Teelöffel abgeriebene Bio-Zitronenschale

Pfeffer (nach Belieben)

etwas Olivenöl für die Pfanne

Den Backofen auf 200° vorheizen, ein Blech mit Backpapier belegen.

Die Kartoffeln gründlich waschen und längs halbieren. Die Zucchini waschen und ohne Stielansatz in dicke Scheiben schneiden. Den Rosmarin waschen und trocken schütteln, von 1–2 Zweigen die Nadeln abstreifen. Kartoffeln und Zucchini mit 1 Esslöffel Öl und den Rosmarinnadeln in eine Schüssel geben und gründlich durchmischen, so dass alles ein wenig benetzt ist. Auf dem Blech verteilen und im Ofen (Mitte, Umluft 180°) ca. 30 Minuten backen, gelegentlich wenden.

Inzwischen die Lammkoteletts waschen und trocken tupfen, den Fettrand mehrfach einschneiden. Den Knoblauch schälen, zum übrigen Öl pressen und die Zitronenschale unterrühren. Den übrigen Rosmarin in größere Zweiglein zerzupfen.

Etwa 10 Minuten vor Ende der Kartoffelgarzeit eine Grill pfanne erhitzen, die Stege mit ein wenig Olivenöl einpinseln. Die Lammkoteletts salzen und 3–4 Minuten bei mittlerer Hitze anbraten. Mit dem Knoblauchöl bepinseln, wenden und auf der anderen Seite ebenfalls bestreichen. Die Rosmarinzweiglein auflegen und die Lammkoteletts in weiterer 4–5 Minuten fertig braten. Die Kartoffel-Zucchini-Mischung aus dem Ofen nehmen, salzen und auf zwei vorgewärmte Teller verteilen. Die Lammkoteletts nach Belieben pfeffern und dazu anrichten.

Geschmorte Lammhaxln

Für vier Personen

4 Lammhaxln (je ca. 300 g)

1 Bio-Zitrone

Salz, Pfeffer

1 Zwiebel

1 Bund Suppengrün (Karotte, Lauch, Sellerieknolle und/oder Petersilienwurzel)

2 Esslöffel Olivenöl

1 Schuss Gin

⅜ l trockener Rotwein

1 Lorbeerblatt

1 Teelöffel Wacholderbeeren

⅜ l Lammfond
(oder weiterer Rotwein)

Die Lammhaxln waschen und abtrocknen, von Häutchen und Sehnen befreien und das Fleisch rund um den Knochen ein wenig einschneiden und ablösen. Die Zitrone heiß abwaschen, abtrocknen, die Schale fein abreiben und den Saft auspressen. Die Lammhaxln salzen, pfeffern und mit Zitronensaft einreiben.

Den Backofen auf 160° vorheizen.

Inzwischen die Zwiebel schälen und fein hacken. Das Grünzeug waschen, putzen und klein schneiden. Das Öl in einem Bräter erhitzen und die Lammhaxln bei mittlerer Hitze rundherum braun anbraten. Die Haxln herausheben, Zwiebel und Gemüse im Bratensatz anbraten. Mit einem Schuss Gin ablöschen und einkochen lassen. Den Rotwein angießen, Zitronenschale, Lorbeerblatt und Wacholderbeeren hinzufügen und die Lammhaxln wieder einsetzen. Zugedeckt im Ofen (Mitte, Umluft 140°) ca. 2 Stunden schmoren lassen, dabei die Haxln gelegentlich wenden und nach und nach den Lammfond (oder weiteren Rotwein) angießen.

Die Lammhaxln herausheben und warm halten. Das Lorbeerblatt entfernen, die Sauce nach Belieben fein pürieren und mit Salz und Pfeffer abschmecken. Dazu passen Stampfkartoffeln.

Lammkeule mit Petersilienkruste

Für vier bis sechs Personen

1 entbeinte Lammkeule
(1,2–1,5 kg)

1 Bio-Zitrone

600 g Tomaten

600 g Kartoffeln

4 Knoblauchzehen

1 Bund Petersilie

6 Esslöffel Olivenöl

Salz, Pfeffer

ca. 100 ml Gemüsebrühe
(bei Bedarf)

50 g geriebener Pecorino

2 Esslöffel Semmelbrösel

2 Esslöffel Butterschmalz

Die Lammkeule kalt abwaschen und trocken tupfen. Die Zitrone heiß abwaschen, abtrocknen, die Schale abreiben und den Saft auspressen. Das Fleisch mit dem Zitronensaft einreiben.

Die Tomaten mit kochendem Wasser überbrühen, kalt abschrecken und häuten. Die Kartoffeln schälen und in dicke Scheiben schneiden. Kartoffelscheiben und (ganze) Tomaten in einem großen Bräter verteilen.

Den Backofen auf 180° vorheizen.

Den Knoblauch schälen und etwas zerkleinern. Die Petersilie waschen und trocken schütteln, die Blätter abzupfen und mit Knoblauch, Zitronenschale und Olivenöl im Blitzhacker zu einer feinen Paste verarbeiten. Die Lammkeule salzen und pfeffern und rundherum mit zwei Drittel der Petersilienpaste einreiben. In den Bräter setzen und zugedeckt 1¾ Stunden im Ofen (Mitte, Umluft 160°) garen, bei Bedarf ein wenig Brühe angießen.

Die übrige Petersilienpaste mit dem geriebenen Käse und den Semmelbröseln verrühren. Den Bräter herausnehmen, die Ofentemperatur auf 220° erhöhen. Die Oberfläche der Lammkeule mit der Paste bedecken und diese gut festdrücken (geht am besten mit den Händen). Das Butterschmalz in Flöckchen darauf verteilen und die Lammkeule im Ofen etwa 15 Minuten überbacken, bis die Kruste braun wird.

Die Lammkeule herausheben und 5 Minuten ruhen lassen. Kartoffeln und Tomaten salzen und auf Teller verteilen. Die Lammkeule vorsichtig (damit die Kruste nicht abfällt) in Scheiben schneiden und dazu anrichten.

Dazu schmeckt ein kräftiger Rotwein.

Das Entbeinen der Lammkeule ist für Ungeübte nicht ganz einfach. Marianne Rühl (Seite 156) bietet sie küchenfertig vorbereitet an, damit gelingt der Festtagsbraten, der insgesamt kaum Arbeit macht; ganz leicht.

Nach dem Oktoberfest beginnt die Zeit für Enten und Gänse, über den Winter bis ins Frühjahr herrscht dann Hochbetrieb am Stand von Maria Spegassner. Im Sommer sind eher Hähnchen, Kaninchen, Eier, Butter, Schmalz und frische Nudeln gefragt. Seit 22 Jahren ist die gebürtige Oberpfälzerin nun am Viktualienmarkt, vor ihr betrieb ihre Schwiegermutter 30 Jahre lang den Stand. Am Anfang war es gar nicht so leicht für die gelernte Fotolaborantin, aber mittlerweile liebt sie den täglichen Umgang mit ihren Kunden, bei dem sie tatkräftig von Frau Öskyrce unterstützt wird. Was sich geändert hat in all den Jahren? Die Kunden kommen später, „in den meisten Familien wird ja nicht mehr so regelmäßig zu Mittag gekocht". Auch dass es in München immer mehr Single-Haushalte gibt, spiegelt sich in den kleineren Mengen, die nachgefragt werden. Für einen feinen Sonntagsbraten aber sind die frischen Gänse und Enten, die sie aus jahrzehntelang bewährten Quellen aus Niederbayern und dem Erdinger Land bezieht, gefragt wie eh und je. Von Frau Spegassner stammen die Rezepte für den gefüllten Bauerngockel, die Kaninchenkeulen auf italienische Art und die feinen Entenrezepte hier und auf Seite 175.

Entenbrust in Orangen-Balsamico-Sauce

Für zwei Personen

1 große Entenbrust
(350–400 g)

Salz, Pfeffer

1 Bio-Orange

1 Esslöffel Zucker

2 Esslöffel Aceto balsamico

Den Backofen auf 140° vorheizen, eine ofenfeste Form bereitstellen.

Die Entenbrust kalt abwaschen und abtrocknen. Die Haut rautenförmig einritzen, dabei nicht zu tief schneiden, um das Fleisch nicht zu verletzen. Rundherum mit Salz einreiben, auf der Fleischseite leicht pfeffern. Die Entenbrust mit der Hautseite in eine Pfanne legen und auf mittlere Hitze erwärmen. 5–6 Minuten braten, bis das Fett austritt und die Haut goldbraun ist. Die Entenbrust wenden und auf der anderen Seite 2 Minuten anbraten. In die Form setzen und im Backofen in 15–20 Minuten fertig braten (je nachdem, wie rosig Sie das Fleisch bevorzugen). Die Pfanne beiseite stellen.

Inzwischen die Orange heiß abwaschen und abtrocknen, erst die Schale mit einem Zestenreißer in feinen Spänen abziehen, anschließend den Saft auspressen (ergibt ca. 100 ml).

Die Entenbrust herausnehmen und zugedeckt ruhen lassen. Das Entenfett in der Pfanne bis auf etwa 2 Esslöffel abgießen und die Pfanne wieder erwärmen. Den Zucker hinzugeben und bei mittlerer Hitze schmelzen und karamellisieren lassen. Mit dem Balsamicoessig und dem Orangensaft ablöschen, die Orangenzesten dazugeben und 2–3 Minuten einkochen; mit Salz und Pfeffer abschmecken.

Die Entenbrust quer in Scheiben schneiden und mit der Orangen-Balsamico-Sauce auf vorgewärmten Tellern anrichten. Dazu schmecken Bandnudeln und Brokkoli.

Gefüllter Bauerngockel

Für vier Personen

1 frischer Gockel (ca. 1,5 kg; mit Leber, Herz etc.)

5 g getrocknete Steinpilze

3 altbackene Semmeln (ca. 150 g)

⅛ l lauwarme Milch

2 Zwiebeln

½ Bund Petersilie

½ Bund Majoran

1 Esslöffel Butter

Salz, Pfeffer

1 Ei

1 Esslöffel Honig

Holzzahnstocher

Die Innereien herausnehmen, den Gockel innen und außen waschen und trocken tupfen. Die Innereien von Häutchen und Sehnen befreien und fein schneiden. Die Pilze in einer Tasse mit lauwarmem Wasser einweichen.

Die Semmeln klein würfeln, in eine Schüssel geben und die lauwarme Milch darübergießen. 1 Zwiebel schälen und fein hacken. Petersilie und Majoran waschen und trocken schütteln, die Blätter fein schneiden. Die Butter in einer Pfanne schmelzen und die Innereien und die Zwiebel darin 2–3 Minuten unter Rühren anbraten. Die Kräuter hinzufügen, kurz mitbraten und mit Salz und Pfeffer würzen. Lauwarm abkühlen lassen.

Die Pilze ausdrücken und fein hacken. Mit dem Pfanneninhalt und dem Ei zu den Semmeln geben, alles locker vermengen und mit Salz und Pfeffer würzig abschmecken.

Den Backofen auf 160° vorheizen.

Den Gockel innen und außen salzen und pfeffern. Die Füllung locker in den Bauch füllen und die Öffnung mit Holzspießchen verschließen. Mit der Brustseite in einen Bräter legen. Die übrige Zwiebel schälen, grob hacken und um den Gockel herum verteilen. ⅛ l Wasser angießen und den Gockel für 45 Minuten in den Backofen schieben (Mitte). Immer wenn der Bratensaft vollständig eingekocht ist, ein wenig Wasser angießen.

Den Gockel wenden und in etwa 1 Stunde fertig braten. Zum Abschluss den Honig mit 2 Esslöffel heißem Wasser und 1 Prise Salz verrühren und die Haut einige Male damit einpinseln, damit sie schön braun und kross wird.

Den Gockel auf ein Tranchierbrett setzen und einige Minuten zugedeckt ruhen lassen. Inzwischen den Bratensatz auf dem Herd aufkochen, bei Bedarf mit ein wenig Wasser verlängern und mit Salz und Pfeffer abschmecken. (Die Zwiebeln sind nahezu verkocht. Wer sie aber gar nicht mag, kann die Sauce durch ein feines Sieb abgießen).

Den Gockel mit einer Geflügelschere halbieren, die Füllung herauslösen, portionieren und auf vier vorgewärmte Teller geben. Die Gockelhälften noch einmal quer teilen und mit der Sauce anrichten.

bayr.
Bauern-Gickerl
1 Kg   7,50 €

Frischer
Suppenhuhn

Provenzalische Hähnchenkeulen

Für vier Personen

3 kleine Zucchini (je ca. 100 g)

150 g Kirschtomaten

150 g kleine Schalotten

1 junge Knoblauchknolle

4 große Hähnchenkeulen
(je ca. 250 g)

Salz, Pfeffer

1 großes Bund Kräuter
der Provence (z. B. Thymian,
Oregano, Lorbeerblätter,
Lavendel)

4 Esslöffel Olivenöl

¼ l trockener Weißwein

2 Esslöffel flüssiger Honig

Die Zucchini waschen und ohne Stielansatz in dicke Scheiben schneiden. Die Kirschtomaten waschen. Die Schalotten schälen und vierteln. Den Knoblauch in Zehen teilen, die inneren, beim jungen Knoblauch noch weichen Hüllen dran lassen.

Den Backofen auf 200° (Umluft 180°) vorheizen.

Die Hähnchenkeulen kalt abwaschen und abtrocknen, salzen und pfeffern. Von den Kräutern die Lavendelzweige beiseite legen, den Rest waschen und trocken schütteln, die Blätter abzupfen und fein hacken, Lorbeerblätter ganz lassen.

2 Esslöffel Olivenöl auf das tiefe Blech sprenkeln, die Hähnchenkeulen mit der Hautseite nach unten darauf verteilen. Schalotten, Kirschtomaten, Zucchini, Knoblauchzehen und Lorbeerblätter dazwischen verteilen. Die gehackten Kräuter darüberstreuen, das übrige Öl darüberträufeln und den Wein angießen. Für 15 Minuten in den Backofen geben (Mitte).

Von den Lavendelzweigen die Blüten abreiben, zerkrümeln und mit dem Honig verrühren. Das Blech kurz herausnehmen, die Hähnchenkeulen umdrehen und mit etwas Lavendel-Honig-Mischung bestreichen. Weitere 20–25 Minuten braten, dabei noch zweimal mit Honig einpinseln. Zur Garprobe eine Keule an der dicksten Stelle bis zum Knochen einstechen. Wenn das leicht geht und der austretende Saft klar ist, sind sie fertig. Auf Teller verteilen, das Gemüse mit Salz und Pfeffer würzen und dazu anrichten.

Mit knusprigem Weißbrot und trockenem Weißwein servieren.

Kaninchenkeulen auf italienische Art

Für vier Personen

4 Kaninchenkeulen
(je 150–180 g)

Salz, Pfeffer

3 EL Olivenöl

10 getrocknete Tomaten
(in Öl eingelegt)

1–2 Knoblauchzehen

100 g schwarze Oliven

100 ml trockener Weißwein
(oder Brühe)

400 ml Geflügel- oder
Gemüsebrühe

je 2–3 Zweige Rosmarin und
Thymian

600 g festkochende Kartoffeln
(z. B. Sieglinde)

1 Handvoll Kirschtomaten

Die Kaninchenkeulen waschen, trocken tupfen und mit Salz und Pfeffer würzen. Einen großen Schmortopf erhitzen, das Öl hineingeben und die Kaninchenkeulen darin von beiden Seiten bei mittlerer Hitze goldbraun anbraten.

Die Tomaten abtropfen lassen und in Streifen schneiden. Den Knoblauch schälen und hacken. Beides mit den Oliven dazugeben. Mit dem Wein und ein wenig Brühe ablöschen. Die Kräuterzweige waschen, trocken schütteln und dazulegen. Zugedeckt 30 Minuten bei mittlerer Hitze schmoren lassen, nach und nach weitere Brühe angießen.

Die Kartoffeln schälen und in dicke Längsspalten schneiden. Mit der übrigen Brühe zu den Kaninchenkeulen geben und 10 Minuten zugedeckt mitschmoren lassen. Die Kirschtomaten waschen, hinzufügen und alles ca. 5 Minuten weiterschmoren lassen, bis die Kartoffeln gar sind. Vor dem Servieren mit Salz und Pfeffer abschmecken.

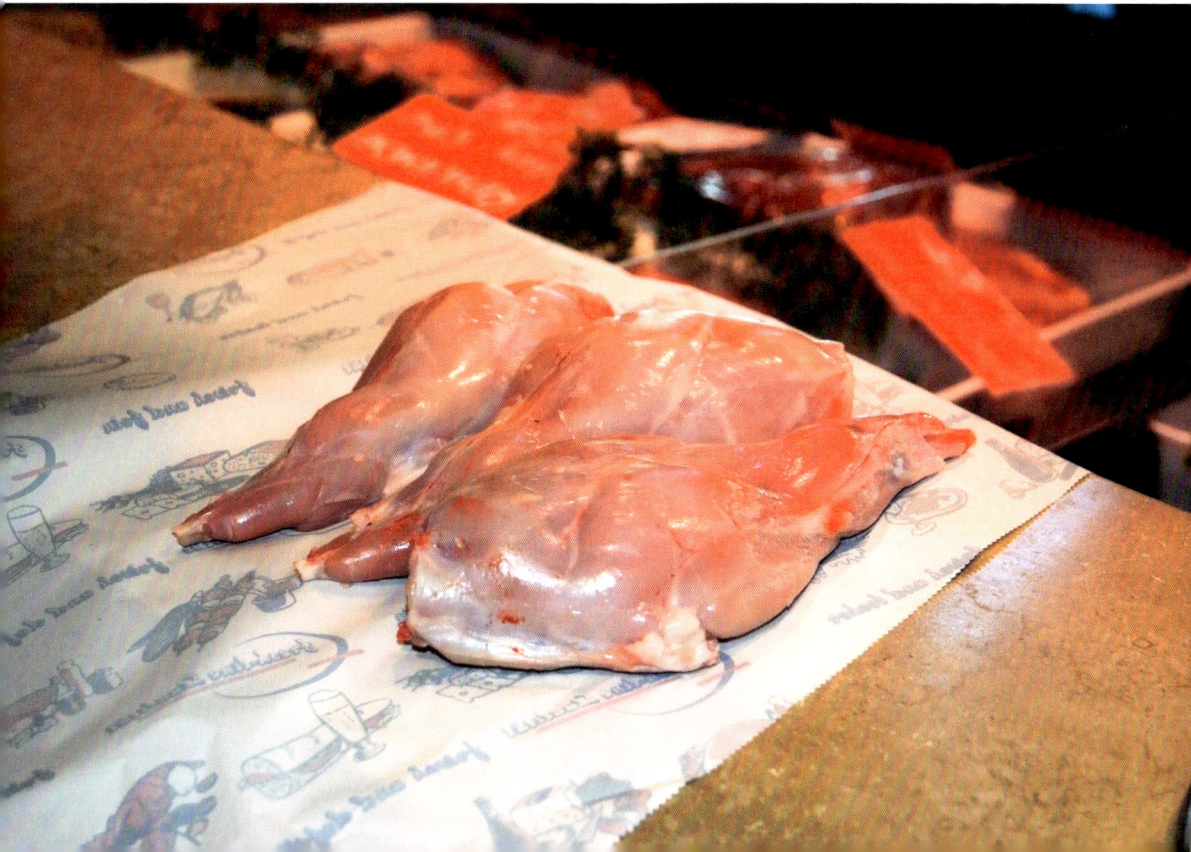

Niedrigtemperatur-Ente

Für vier Personen

1 küchenfertige Ente
(ca. 2,5 kg)

Salz, Pfeffer

4 Schalotten

1 großer säuerlicher Apfel

3 Zweige frischer Thymian

350 ml Entenfond
(aus dem Glas)

1 EL Apfel- oder Quittengelee

1–2 EL heller Saucenbinder
(nach Belieben)

Holzspießchen

Den Backofen auf 220° vorheizen.

Die Ente innen und außen waschen und trocken tupfen, mit Salz und Pfeffer würzen. Die Schalotten schälen und halbieren. Den Apfel waschen und in Stücke schneiden. Den Thymian waschen und trocken schütteln. Alles in die Bauchhöhle füllen und mit Holzspießchen zustecken. Die Haut mehrfach einstechen, damit das Fett gut ausbraten kann.

Mit der Brustseite nach unten in die Fettpfanne des Backofens setzen, in den Ofen schieben (unteres Drittel) und 30 Minuten vorbraten. Die Ente wenden und auf der anderen Seite weitere 30 Minuten braten. Nicht zudecken und auch keine Flüssigkeit angießen! Die Fettpfanne samt Ente kurz herausnehmen und die Ofentemperatur bei geöffneter Backofentür auf 80° absenken (mit einem Backofenthermometer kontrollieren!). Die Ente wieder einschieben und in 5 Stunden fertig garen. (Wenn Sie ein Bratenthermometer besitzen, so stecken Sie es zum Ende der Garzeit in die dickste Stelle der Brust, aber nicht ganz bis zum Knochen: Die Kerntemperatur sollte 70° betragen, dann ist das Fleisch perfekt rosig und saftig.)

Inzwischen den Fond aus dem Glas in einen Topf füllen und auf die Hälfte einkochen. Die Ente aus dem Ofen nehmen und die Temperatur auf 220° erhöhen. Die Ente tranchieren, Füllung und Saft aus der Fettpfanne durch ein feines Sieb zum Fond gießen (ausdrücken, aber nicht durchpassieren). Die Entenstücke mit der Haut nach oben in die Fettpfanne geben. Das Apfelgelee mit 1 Teelöffel heißem Wasser verrühren und die Haut damit bestreichen. Den Backofengrill zuschalten und die Entenstücke im Ofen (oben) in 3–4 Minuten goldbraun übergrillen.

Inzwischen die Sauce aufkochen, nach Belieben binden und mit Salz und Pfeffer abschmecken. Die Ente mit der Sauce auf vorgewärmten Tellern anrichten.

Dazu passen Kartoffelknödel (Seite 158).

Immer wieder erzählen Kunden Frau Spegassner, wie herrlich zart, saftig und aromatisch ihre frischen Enten mit der Niedrigtemperatur-Methode gelingen. Einziger Wermutstropfen: Weil der ganze Saft im Fleisch bleibt, muss man die Sauce separat zubereiten.

Ein kleines Geschäft mit großer Tradition: Elfriede Kohlhuber führt den Geflügel- und Eierstand „Elfriede Schmon" nun schon in der vierten Generation, gelassen und mit Freude. Der Geschäftsname stammt von ihrer Mutter, die viele Stammkunden noch kennen. Manche können sich sogar noch an die Großmutter erinnern, die auch mit 90 Jahren noch täglich hinter der Theke stand. Elfriede Kohlhubers Urgroßeltern zogen noch selbst Gänse in Perlach groß. Sie schlachteten und rupften die Tiere und verkauften sie dann auf dem Viktualienmarkt – für's Festessen an Kirchweih, Martini oder Weihnachten. Die zahlreichen wie langjährigen Stammkunden schätzen die hohe Qualität der Produkte: Freilandeier aus Prittlbach bei Dachau, Hähnchen aus dem niederbayerischen Neufahrn, Gänse und Enten, die in Freilaufhaltung in Pleiskirchen im Landkreis Altötting aufwuchsen: Was in der kleinen Theke liegt, wurde nicht – wie bei vielen Supermärkten üblich – tiefgefroren durch halb Europa gekarrt, sondern ist absolut frisch und stammt direkt vom Erzeuger aus dem bayerischen Umland.

Im November und Dezember ist an Elfriedes Pavillon immer was los, ruhiger wird's, wenn die Feiertage vorbei sind. Die „staade" Zeit – damit ist in Bayern der Advent gemeint – bricht für Elfriede Kohlhuber im Sommer an. Dann gehen die großen Vögel gar nicht, höchstens mal Entenbrust. Die richtige Zeit für ein Hähnchenbrustfilet mit Sommergemüse.

Elfriede Kohlhuber hat uns außerdem die schönen Rezepte auf den nächsten Seiten für Weihnachtsgans und traditionelles Gansjung überlassen

Hähnchenfilet mit Paprika und Oliven

Für vier Personen

je 1 kleine rote und gelbe Paprikaschote

2 vollreife Fleischtomaten

1 Knoblauchzehe

1 frische rote Chilischote

2 Esslöffel Olivenöl

4 Hähnchenbrustfilets

Salz, Pfeffer

2 Esslöffel schwarze Oliven

½ Teelöffel Honig

Basilikumblättchen zum Bestreuen

Die Paprika waschen, halbieren, putzen und in Streifen schneiden. Die Tomaten mit kochendem Wasser überbrühen, häuten und klein würfeln. Knoblauch schälen, die Chilischote putzen und je nach gewünschter Schärfe auch entkernen. Beides ganz fein hacken.

Öl in einer großen Pfanne erhitzen. Hähnchenbrustfilets in 8 Stücke schneiden. Das Fleisch von jeder Seite 4–5 Minuten braten, salzen, pfeffern. Aus der Pfanne nehmen und beiseite stellen.

Paprika im Öl unter Rühren anbraten. Knoblauch, Chili und Oliven dazugeben und mitbraten. Die Tomatenwürfel dazugeben und alles 4–5 Minuten köcheln lassen. Eventuell ein wenig Wasser dazugießen. Alles mit Salz, Pfeffer und dem Honig abschmecken. Fleisch darin erwärmen. Mit grob gezupften Basilikumblättchen bestreut servieren.

Elfriede Kohlhuber brät frische Hähnchenbrust ganz einfach in Butter, würzt dann mit Salz, Paprika und Pfeffer. Tatsächlich schmecken die zarten Filets so ganz wunderbar. Je nach Kühlschrankinhalt macht sie dazu auch eine blitzschnelle Gemüsesauce. Hier eine chilischarfe Sommer-Variante mit Paprika und Oliven.

Elfriedes Weihnachtsgans

Für vier bis sechs Personen

1 frische Gans
(ca. 4 kg, siehe unten)

Salz, Pfeffer

1 Zwiebel

1 Schuss dunkles Bier
(kein Malzbier)

Zucker (nach Belieben)

Den Backofen auf 180–190° vorheizen.

Den Beutel mit Innereien usw. aus der frischen Gans nehmen. Die Flügel nach Wunsch abschneiden. Die Gans innen und außen gründlich waschen, mit Küchenpapier trocken tupfen und kräftig salzen und pfeffern. Eine große Bratreine oder die Fettpfanne des Backofens ausspülen.

Die Gans mit der Brust nach unten in die Bratreine oder auf die Fettpfanne legen. Die Zwiebel schälen, halbieren und danebenlegen. Alles in den vorgeheizten Backofen schieben und ca. 1½ Stunden braten. Dann das Fett abschöpfen, die Gans auf den Rücken legen (Brust nach oben) und im heißen Ofen weitere 1½ Stunden braten. Sobald die Haut zu bräunen beginnt, die Gans mit 1 Tasse kaltem Wasser übergießen und so den Bratenfond lösen. Immer wieder etwas Wasser nachgießen, damit eine schöne, dunkle Sauce entsteht. Elfriedes Tipp: Nicht zu viel Wasser auf einmal dazugeben, sonst wird die Sauce wässrig. Lieber häufiger eine kleine Menge nachgießen.

Nach 3 Stunden Bratzeit die Temperatur auf 140–150° reduzieren und die Gans noch 30–40 Minuten im Ofen ruhen lassen. Dann die Temperatur wieder auf 190–200° erhöhen, die Gans mit 1 Schuss dunklem Bier übergießen und noch 10–20 Minuten weiterbraten. Dann aus dem Ofen nehmen, Sauce durch ein Sieb passieren und mit Salz, Pfeffer und evtl. Zucker abschmecken, nach Wunsch auch entfetten und zur Gans reichen.

Wer besonders knusprige Haut liebt, teilt die gebratene Gans mit der Geflügelschere in mehrere Stücke. Die Teile mit der Haut nach oben wieder in die Reine oder auf die Fettpfanne legen und noch mal ganz kurz unter den heißen Backofengrill schieben. Aufpassen, dass die Haut nicht verbrennt!

In der frischen Gans stecken in einem Beutel die Innereien und der Hals. Die Leber schmeckt gebraten z. B. auf frischem Feldsalat (Seite 22). Hals und Herz legt Elfriede Kohlhuber sauer ein und bereitet sie als „Gansjung" zu (Rezept rechte Seite). In dem Fall empfiehlt es sich, der Gans vor dem Braten die Flügel abzuschneiden und dann ebenfalls einzulegen.

Elfriedes Gansjung

Für zwei Personen

Gansjung von 1 Gans (Flügel, Hals, Magen und Herz)

ca. 150 ml Weißweinessig (von mildem Essig etwas mehr nehmen, von intensivem lieber weniger)

½ kleine Bio-Zitrone

1 Karotte

1 Teelöffel schwarze Pfefferkörner

2 Lorbeerblätter

2 Gewürznelken (nach Belieben), getrockneter Thymian, Salbei oder Rosmarin (nach Belieben)

30 g Butter

1–2 Teelöffel Zucker

40 g Mehl

Salz, Pfeffer

Weißwein oder Sahne zum Abschmecken

Das Gansjung waschen. Die Flügel halbieren, den Hals in Stücke teilen. Die dicke Haut vom Magen abziehen. Alles in eine flache Schüssel geben.

Den Essig mit ¾ l Wasser aufkochen. Die Zitrone waschen und in Scheiben schneiden, die Karotte schälen und grob zerteilen; beides mit Pfeffer und Lorbeerblättern zum Essigwasser geben. Wer mag, gibt auch noch Nelken und getrocknete Kräuter dazu. Die Marinade einmal aufkochen, abkühlen lassen und dann abgekühlt über das Gansjung schütten.

Die Gänseteile 2–3 Tage in der Marinade ziehen lassen, dann mit der Marinade in einen großen Topf geben und aufkochen. Ca. 1½ Stunden zugedeckt kochen lassen. Die weichgekochten Teile aus dem Topf nehmen. Die Kochflüssigkeit durch ein Sieb in einen Messbecher geben. Sie brauchen knapp ½ l Flüssigkeit. Sollte die Marinade zu stark eingekocht sein, Flüssigkeit mit Wasser ergänzen.

Die Butter in einem Topf zerlassen, 1 Teelöffel Zucker darin hellgelb werden lassen. Das Mehl dazurühren und anrösten, bis es goldbraun ist. ½ l Kochflüssigkeit unter Rühren dazugießen, aufkochen und unter Rühren ca. 10 Minuten weiterköcheln und dickflüssig werden lassen. Die Sauce mit Salz, Pfeffer und Zucker abschmecken. Wer will, gießt noch etwas Weißwein oder Sahne dazu. Gänsefleisch von den Knochen lösen und mit den Innereien in der Sauce erhitzen; mit Semmelknödeln (Seite 153) oder Bauernbrot servieren.

Gansjung ist ein altes Münchner Essen, das traditionell zwei bis drei Tage nach dem Gänsebraten auf den Tisch kommt. Das süßsaure Gericht polarisiert: Während manche Männer behaupten, es schmecke ihnen besser als die gebratene Gans, finden die meisten Frauen es bestenfalls interessant und auf jeden Fall gewöhnungsbedürftig.

Wenn man Hermann Schiller gekonnt Wild auslösen und parieren sieht, möchte man kaum glauben, dass er weder Jäger noch Metzger ist und sich diese Fertigkeiten selbst angeeignet hat. Erst seit Oktober 2006 betreibt er den Laden für „Bayerisches Wild & Geflügel", vorher verkaufte er über viele Jahre auf dem Obstfreimarkt. Ein sehr versierter Hobbykoch aber war er vermutlich schon damals: Ohne Spickzettel diktiert er uns fabelhafte Rezepte für Rucolasalat mit Entenbrust (Seite 23), Hirschlende, Fasan im Speckmantel, Wildhasenkeulen und geschmorten Rehschlegel (Rezepte auf den folgenden Seiten) in die Feder, weiß hier einen besonderen Kniff und dort einen guten Küchentrick. Dass er das Fleisch für seine Rezepte in bester Qualität anbietet, versteht sich von selbst. Geflügel bezieht er von einem Züchter in Niederbayern, Wild direkt von Jägern aus dem Bayerischen Wald. Dort ist auch der Metzger ansässig, der für ihn Würste und Schinken von Reh, Hirsch und Wildschwein herstellt. Als besonderen Service bietet Herr Schiller einen hausgemachten, dickflüssigen Wildfond im Glas an, mit dem sich im Handumdrehen ein feines Sößchen zu Kurzgebratenem zaubern lässt.

Hirschlende mit Wacholderrahm

Für vier Personen

800 g Hirschrückenfilet

2 Esslöffel Olivenöl

Salz, Pfeffer

10 Wacholderbeeren

1 Schuss Gin

1 Glas Wildfond

2 Esslöffel Crème fraîche

1 Esslöffel Johannisbeergelee

Den Backofen auf 120° vorheizen.

Das Fleisch kalt abwaschen und trocken tupfen. Das Öl in einer Pfanne erhitzen, das Hirschrückenfilet rundherum 5–6 Minuten anbraten. Mit Salz und Pfeffer würzen, in Alufolie wickeln und für 35 Minuten in den Backofen legen (Mitte, keine Umluft). Die Pfanne nicht auswaschen.

Die Wacholderbeeren mit $\frac{1}{3}$ Teelöffel Salz im Mörser fein zerstoßen. Die Pfanne wieder erhitzen, die Wacholdermischung hineingeben und mit einem Schuss Gin ablöschen. Den Wildfond dazugeben (eventuell durch ein feines Sieb). Crème fraîche und Johannisbeergelee unterrühren und die Sauce cremig einkochen lassen.

Das Fleisch herausnehmen und auswickeln, den Fleischsaft in der Folie zur Sauce geben. Das Hirschrückenfilet in Scheiben schneiden und mit dem Wacholderrahm auf vorgewärmten Tellern anrichten. Dazu passen Bandnudeln und Brokkoligemüse.

Für Wildfond röstet Herr Schiller Wildknochen dunkel an, fügt Zwiebeln, Röstgemüse, Tomatenmark und Wildgewürz bestehend aus Wacholderbeeren, Lorbeer, Rosmarin, Thymian, Koriander, Muskat und Zimt hinzu, füllt mit Dornfelder Rotwein auf und lässt das Ganze 2 Stunden kochen. Dann löst er das Fleisch von den Knochen und püriert es mit. So entsteht ein kräftiger, dickflüssiger Fond, den er im Glas verkauft.

Fasan im Speckmantel mit Rieslingkraut

Für vier Personen

Fasane

2 Fasane (je ca. 750 g)

8 Wacholderbeeren

12 Pfefferkörner

Salz

200 g eingelegte Weinblätter

200 g durchwachsener Speck (in dünnen Scheiben)

200 g Schalotten

⅜ l Riesling

60 g Butter

Küchengarn

Rieslingkraut

1 Zwiebel

1 Esslöffel Butterschmalz

Zucker

500 g Sauerkraut

⅜ l Riesling

6 Wacholderbeeren

1 Lorbeerblatt

150 g kernlose helle Weintrauben

100 g Sahne

Salz

Die Fasane waschen und trocken tupfen und die Hälse entfernen. Wacholderbeeren, Pfefferkörner und ½ Teelöffel Salz im Mörser fein zerstoßen und die Fasane damit einreiben. Die Weinblätter abwaschen und abtrocknen. Je 2 auf jede Fasanenbrust legen, die Vögel mit Speck umwickeln und mit Küchengarn binden.

Den Backofen auf 200° vorheizen.

Die Schalotten schälen und in Scheiben schneiden. Einen Bräter mit den übrigen Weinblättern auslegen, die Schalotten darauf verteilen und den Wein angießen. Die Fasane mit der Brust nach oben hineinsetzen. Die Butter schmelzen und darübergießen. Die Fasane im Ofen (Mitte, Umluft 180°) 45–50 Minuten garen.

Inzwischen für das Rieslingkraut die Zwiebel schälen und fein hacken. Das Butterschmalz in einem Topf erhitzen, die Zwiebel und 1 Teelöffel Zucker hinzufügen und goldgelb anbraten. Das Sauerkraut dazugeben und mit der Hälfte des Weines ablöschen. Wacholderbeeren und Lorbeerblatt unterrühren und zugedeckt 15 Minuten schmoren lassen. Den übrigen Wein unterrühren und das Kraut weitere 15 Minuten schmoren lassen. Die Trauben waschen und halbieren, mit der Sahne unterrühren und noch etwa 10 Minuten einkochen lassen, bis die Fasane so weit sind. Mit Salz und Zucker abschmecken.

Die Fasane herausnehmen, von Speck und Weinblättern befreien und halbieren. Jeweils die Keulen herausschneiden, die Brust auslösen und mit dem Rieslingkraut auf vorgewärmten Tellern anrichten.

Das Rezept für die Fasane hat Hermann Schiller selbst einem alten Kochbuch entnommen. Durch die Weinblätter und den Speck werden sie, wie er sagt, so zart und saftig, wie er sie noch mit keiner anderen Zubereitungsweise hinbekommen hat.

Wildhasenkeulen in Rotweinsauce

Für vier Personen

4 Wildhasenkeulen
(je ca. 400 g)

1 l Buttermilch

Salz, Pfeffer

4 Schalotten

4 Esslöffel Olivenöl

½ Flasche Rotwein
(z. B. Trollinger)

1 Glas Wildfond

4–5 Zweige Thymian

2 Zweige Rosmarin

1–2 Esslöffel dunkler Saucenbinder (nach Belieben)

Die Wildhasenkeulen kalt abwaschen und trocken tupfen.
Mit der Buttermilch in einen lebensmittelechten Plastikbeutel
geben, verschließen und für 24 Stunden in den Kühlschrank
legen.

Die Hasenkeulen aus der Buttermilch nehmen, gut abtupfen,
salzen und pfeffern. Die Schalotten schälen und fein hacken.
Einen Schmortopf erhitzen, das Öl hineingeben und die Hasenkeulen darin bei mittlerer Hitze von allen Seiten anbraten und
herausheben. Die Schalotten kurz im Bratensatz anbraten, mit
der Hälfte des Rotweins und der Hälfte des Fonds ablöschen.
Die Kräuterzweige waschen und dazugeben. Die Hasenkeulen
wieder einlegen und auf dem Herd zugedeckt bei schwacher
Hitze ca. 2 Stunden schmoren lassen, dabei gelegentlich wenden und nach und nach den übrigen Rotwein und den übrigen
Fond angießen.

Die Hasenkeulen herausnehmen und warm halten. Die Sauce
nach Belieben durch ein feines Sieb in einen Topf abgießen,
aufkochen, eventuell binden und mit Salz und Pfeffer abschmecken.

Dazu schmecken Spätzle (Seite 101).

Hermann Schiller – sonst kein Freund des Beizens von Wild – rät, die Hasenkeulen
vor der Zubereitung für 24 Stunden in Buttermilch einzulegen, dann wird das Fleisch
schön zart.

Rehschlegel mit Preiselbeersauce

Für sechs Personen

1 ausgelöster Rehschlegel
(bayerisch für Keule; 1,5–1,8 kg)

1 Handvoll Wildknochen

8 Wacholderbeeren

1 Teelöffel Pfefferkörner

1 getrocknetes Lorbeerblatt

Salz

1–2 Karotten

1 dünne Stange Lauch

1 Petersilienwurzel

1 Stück Sellerieknolle

4 Esslöffel Olivenöl

1 Flasche Rotwein
(z. B. Trollinger)

2 Zweige Rosmarin

1 Glas Wildfond

2 Esslöffel Preiselbeeren

Das Fleisch und die Knochen kalt abwaschen und trocken tupfen. Wacholderbeeren, Pfefferkörner, Lorbeerblatt und ½ Teelöffel Salz im Mörser fein zerstoßen und das Fleisch damit einreiben.

Das Gemüse waschen bzw. schälen, putzen und klein schneiden. Einen großen Schmortopf erhitzen, das Öl hineingeben und den Rehschlegel darin bei mittlerer Hitze von allen Seiten braun anbraten. Das Fleisch herausheben, Knochen und Röstgemüse im Bratfett braun anbraten. Mit der Hälfte des Weins ablöschen. Die Rosmarinzweige waschen und dazugeben. Den Rehschlegel wieder einsetzen und auf dem Herd etwa 1½ Stunden zugedeckt bei mäßiger Hitze schmoren lassen, dabei den Braten gelegentlich wenden und nach und nach den Wildfond und den übrigen Wein angießen.

Das Fleisch herausheben und zugedeckt 10 Minuten ruhen lassen. Den Bratenfond durch ein feines Sieb in einen Topf abgießen, die Preiselbeeren unterrühren und mit Salz und Pfeffer abschmecken. Den Rehschlegel in Scheiben schneiden, auf vorgewärmten Tellern anrichten und mit der Preiselbeersauce überziehen.

Dazu passen Spätzle und Blaukraut.

Das Fisch-Fachgeschäft Maier besteht bereits seit 1909 auf dem Viktualienmarkt, seit 1990 führt es das Ehepaar Monika und Karlheinz Stettmeier. Den traditionsreichen Namen haben sie beibehalten, auch wenn sie mancher Unwissende erst mal mit Herr und Frau Maier anspricht – darüber sehen beide souverän hinweg. Was empfiehlt Frau Stettmeier bevorzugt? „Alles, was wir selber gerne essen!" Zuchtfische wie Pangasius und Viktoriabarsch lehnt sie rundweg ab und bietet sie konsequenterweise auch nicht an. „Da gibt es doch wirklich sehr viel Schmackhafteres." Heimische Süßwasserfische wie Renke, Saibling, Waller, Hecht und Zander beispielsweise, die sie von Fischern aus den umliegenden Seen bzw. den Nebenflüssen der Donau bezieht. Aber auch Seefisch wie Steinbeißer und Dorade mag sie sehr. Diese kommen wie der übrige Seefisch und die Schalen- und Krustentiere aus aller Welt täglich frisch aus Frankreich. Und da sie gerne kocht, hat sie auch gleich Rezeptideen parat, die sie gerne an ihre Kunden weitergibt: Die Rezepte für gebratene Saiblinge auf dieser Seite, für Doraden vom Blech und für Steinbeißer-Medaillons in der Kartoffelkruste auf den nächsten Seiten hat sie zu diesem Buch beigesteuert.

Saiblinge mit Mandel-Brokkoli

Für zwei Personen

Brokkoli

1 Stiel Brokkoli (ca. 400 g)

2 Esslöffel Mandelstifte

Salz, Pfeffer, Muskat

1 Esslöffel Butter

Eiswürfel

Bachsaiblinge

2 Bachsaiblinge
(je 350–400 g)

Salz

40 g Butter

2 Stiele Petersilie

3 Esslöffel Reismehl

3 Esslöffel neutrales Öl

Die Röschen vom Brokkoli abschneiden und waschen, den Stiel schälen und klein würfeln. In kochendem Salzwasser in 4–5 Minuten bissfest kochen. Dann herausnehmen und sofort in Eiswasser geben, damit er seine schöne Farbe behält. In ein Sieb abgießen und abtropfen lassen.

Die Saiblinge innen und außen waschen, trocken tupfen und salzen. Die Petersilie waschen und trocken schütteln. Je 1 Zweig mit einem Teelöffel Butter in den Fischbauch geben. In einer Pfanne die übrige Butter mit dem Öl auf mittlere Stufe erhitzen. Die Fische in Reismehl wenden, den Überschuss abklopfen, und von jeder Seite 5–7 Minuten braten.

Inzwischen die Mandelstifte in einer Pfanne goldbraun rösten und herausnehmen. Die Butter in der Pfanne schmelzen, den Brokkoli dazugeben und in 2–3 Minuten erwärmen. Mit Salz, Pfeffer und ein wenig frisch geriebener Muskatnuss würzen und die Mandelstifte darüberstreuen. Die Saiblinge auf vorgewärmte Teller heben und den Brokkoli daneben anrichten.

Der Saibling ist ein heimischer Süßwasserfisch mit einem besonders feinen Aroma. Um dieses zu erhalten, empfiehlt Frau Stettmeier geschmacklich neutrales Reismehl zum Mehlieren.

Doraden mit Tomaten, Zucchini und Oliven

Für vier Personen

8 Esslöffel Olivenöl

4 Strauchtomaten

500 g kleine Zucchini

1 Bund Petersilie

1 Bund Basilikum

2 Doraden (je ca. 700 g)

Meersalz, Pfeffer

150 g grüne Oliven

200 ml trockener Weißwein

Den Backofen auf 180° vorheizen.

Ein tiefes Blech mit 2 Esslöffeln Olivenöl besprenkeln. Die Tomaten waschen, quer halbieren, die Kerne entfernen und die Tomatenhälften würfeln. Die Zucchini waschen, längs halbieren und ohne Stielansatz in dicke Halbmonde schneiden. Die Kräuter waschen und trocken schütteln.

Die Doraden innen und außen waschen und trocken tupfen, mit Meersalz und Pfeffer würzen. Jeweils ein wenig Olivenöl in den Fischbauch träufeln und ein paar Petersilien- und Basilikumblätter hineingeben. Die Doraden auf das Blech legen. Tomaten, Zucchini und Oliven darum herum verteilen. Die übrige Petersilie fein hacken und darüberstreuen. Den Wein angießen und 2 Esslöffel Öl darüberträufeln.

Das Blech in den Ofen schieben und die Doraden darin ca. 30 Minuten garen. Um zu sehen, ob sie fertig sind, versuchen Sie eine Rückenflosse herauszuziehen: Wenn das leicht geht, sind die Fische fertig. Dann die übrigen Basilikumblätter grob zerzupfen, unter das Gemüse mischen, salzen und pfeffern.

Das Gemüse auf vorgewärmte Teller geben. Von den Doraden oben die Haut entfernen, erst die oberen Filets auslösen, dann Kopf und Mittelgräte entfernen, um an die unteren Filets zu gelangen. Die Doradenfilets auf dem Gemüse anrichten. Das übrige Olivenöl darüberträufeln.

Dazu schmeckt frisches Baguette und ein kräftiger Weißwein.

Steinbeißerfilet in der Kartoffelkruste

Für zwei Personen

400 g Steinbeißerfilet

1 Ei

2 Esslöffel Mehl

3 große, festkochende Kartoffeln

Salz, Muskat

Pfeffer

100 g Butter

Die Fischfilets kalt abwaschen, trocken tupfen und in 8 Medaillons schneiden. Das Ei in einem tiefen Teller verschlagen. Das Mehl auf einen Teller geben. Die Kartoffeln schälen, grob raspeln, in ein Stoffküchentuch geben, zusammendrehen und möglichst alle Flüssigkeit aus den Kartoffelraspeln pressen. Die trockenen Raspeln mit Salz und etwas Muskat würzen und dünn auf Klarsichtfolie verteilen.

Die Fischfilets salzen und pfeffern. Erst im Mehl wenden und den Überschuss gut abklopfen. Dann durch das Ei ziehen, schließlich mit den Kartoffelraspeln umhüllen und gut andrücken.

Die Butter in einer Pfanne erhitzen. Die Medaillons von jeder Seite etwa 3 Minuten bei mittlerer Hitze ausbacken. Zum Abtropfen kurz auf Küchenpapier herausheben. Dazu passt ein Quark-Joghurt-Dip mit Schnittlauch.

„Die Kartoffelraspel müssen sehr gut ausgedrückt werden", so Frau Stettmeier (Seite 190). „Und die Kartoffelhülle darf nicht zu dick geraten." Dann nämlich kommt der delikate Geschmack des festfleischigen Edelfisches optimal zur Geltung.

Theo Hartl (Seite 50) hat uns das Rezept für eine Kartoffel-Senf-Kruste verraten: 2 Lachsfilets (je ca. 150 g) leicht salzen, rundherum mit Dijonsenf bestreichen, in gut ausgedrückte Kartoffelraspel hüllen und diese gut andrücken. Die Lachsfilets in heißem Öl in der Pfanne von jeder Seite 4–5 Minuten braten.

Dazu schmeckt ein mit Sahne verfeinerter Gurkensalat.

Schwertfischsteaks mit Melonen-Salsa

Für vier Personen

½ Cantaloupe-Melone

3 Frühlingszwiebeln

4 Esslöffel Limettensaft

1 Teelöffel Zucker

Salz

1 Knoblauchzehe

1 große, rote Chilischote

½ Bund Koriandergrün

2 Esslöffel neutrales Öl

4 Schwertfischsteaks
(je ca. 150 g)

etwas Öl für die Grillpfanne

Die Melone in Spalten schneiden, entkernen, schälen und das Fruchtfleisch in etwa ½ cm große Würfel schneiden. Die Frühlingszwiebeln putzen, waschen und fein schneiden.

Den Limettensaft in einer Schüssel mit dem Zucker und einer kräftigen Prise Salz verrühren. Den Knoblauch schälen und dazupressen. Die Chilischote längs aufschneiden, entkernen, fein hacken und dazugeben. Das Koriandergrün waschen, trocken schütteln und die Blättchen und zarten Stiele fein hacken. Mit dem Öl unterrühren und die Melone und die Frühlingszwiebeln untermischen. Die Salsa in vier Schälchen füllen.

Die Schwertfischfilets kalt abwaschen, trocken tupfen und salzen. Eine Grillpfanne erhitzen, die Stege mit Öl einstreichen und die Schwertfischsteaks von jeder Seite bei mittlerer Hitze 2 Minuten braten (nicht länger, damit sie schön saftig bleiben!). Mit der Melonen-Salsa auf vorgewärmten Tellern anrichten

Lachsfilet mit Limettenkaviar

Für zwei Personen

2 Stücke Lachsfilet
(je ca. 150 g)

Salz

2 Esslöffel neutrales Öl

2 Fingerlimes

Die Lachsfilets kalt abwaschen, trocken tupfen und leicht salzen. Das Öl in einer Pfanne erhitzen. Die Lachsfilets bei mittlerer Hitze 2 Minuten braten, wenden und auf der anderen Seite in 2 Minuten fertig braten. Auf vorgewärmte Teller heben. Die Fingerlimes aufbrechen und den Limettenkaviar auf die Lachsfilets häufen.

Dazu schmeckt zarter Blattsalat.

Bei Herrn Maier von Leo's Obst-Standl (Seite 120) bekommen Sie während der kurzen Saison von Januar bis März australische Fingerlimes, ganz unscheinbare braune, etwa 8 cm lange Schoten mit überraschendem Inhalt: kleine, zartgelbe Perlen mit intensivfrischem Limettengeschmack, die vom Aussehen her an Kaviar oder Perlen der Molekularküche erinnern. Sie zu fotografieren haben wir im Frühjahr knapp verpasst. Fragen Sie einfach mal danach, es lohnt sich!

„If it swims we have it", ist auf dem Logo von Fisch Witte zu lesen. Und das in der besten Qualität, die man kriegen kann, möchte man hinzufügen. Dass die nicht zum Schnäppchenpreis zu haben ist, versteht sich von selbst.

Energie, Geschäftssinn und die Freude am Umgang mit Menschen sind Hella Witte in die Wiege gelegt. Schon als junges Mädchen hat sie in den Ferien der Oma in deren Gastwirtschaft in Miesbach geholfen. „Ein Geschäft muss man dann machen, wenn es sich anbietet. Da muss Privates schon mal hintanstehen." Diesen Leitsatz der Großmutter hat sie immer beherzigt.

Seit 26 Jahren betreibt Frau Witte ihr Geschäft am Viktualienmarkt. Was Sie antreibt? „Immer noch besser werden, immer neue Ideen, ständig investieren, ohne das geht's nicht!" So hat sie dem Unternehmen vor einigen Jahren eine eigene Fischaufzucht in der Erdinger Gegend hinzugefügt. Das garantiert ihr, dass sie auch zu Stoßzeiten immer ausreichendfrische Karpfen, Hechte, Forellen und Saiblinge anbieten kann. Die Kühlanlagen müssen ständig auf dem neuesten Stand gehalten werden. „Wir stellen sogar das keimfreie Eis zum Kühlen unserer Ware selber her." Perfektion ist Frau Witte eben in jeder Hinsicht ein Anliegen.

Seit sechs Jahren ist ein Bistro in den Laden integriert: Koch Antonio bereitet dort mit seiner Crew alles frisch zu, was die Jahreszeit bietet. Um die Mittagszeit füllen sich die Tische drinnen und draußen schnell. Flinke Mitarbeiter servieren eine fabelhafte Fischsuppe (Rezept Seite 83) und allerlei gedämpftes, gebackenes und gegrilltes Meeresgetier, superfrisch und appetitlich angerichtet.

Was Frau Witte selber gerne isst? Seezungenfilets mit einem frischen Sommersalat, ganz einfach zubereitet, so dass das feine Aroma des Fisches gut zur Geltung kommt. Oder Zanderfilet, auf der Hautseite knusprig gebraten, auf mediterran angemachten Paprikastreifen. Genauso gerne auch mal ein ganz traditionell paniertes und ausgebackenes Goldbarschfilet mit lauwarmem Kartoffelsalat. Für Gäste empfiehlt sie einen in der Rosmarinsalzkruste zubereiteten Loup de mer, dazu ein feines Karotten-Zuckerschoten-Gemüse. Ganz klar, Frau Witte ist nicht nur eine tüchtige Geschäftsfrau, sondern auch eine Feinschmeckerin. Ihre Rezepte lesen Sie hier und auf den nächsten Seiten.

Gegrillte Riesengarnelen

Für zwei Personen

6 Riesengarnelen (ohne Kopf, aber mit Schale, je ca. 90 g)

1–2 Knoblauchzehen

4 Esslöffel Olivenöl

2 Esslöffel Kräuter-Pesto

1 Esslöffel Zitronensaft

1 Peperoncino

Olivenöl für die Grillpfanne

Fleur de sel

Die Riesengarnelen kalt abwaschen und trocken tupfen. Mit einem scharfen Messer längs so einschneiden, dass man sie aufklappen kann, die Schale am Rücken aber zusammenhält.

Den Knoblauch schälen und fein hacken. Mit Olivenöl, Kräuter-Pesto und Zitronensaft verrühren und den Peperoncino dazubröseln. Die Riesengarnelen darin wenden und zugedeckt mindestens 1 Stunde marinieren. (Wer sich die Mühe sparen möchte, kann die Marinade auch bei Fisch Witte fertig kaufen.)

Eine Grillpfanne erhitzen, die Stege mit Olivenöl einpinseln. Die Riesengarnelen aus der Marinade heben, ein wenig abtupfen und zuerst auf der Schalenseite 2–3 Minuten grillen. Dann wenden und auf der anderen Seite in 1–2 Minuten fertig grillen. Auf zwei Tellern anrichten und mit Fleur de sel würzen.

Dazu passt ein bunter Blattsalat mit Rucola und Kirschtomaten.

Seezungenfilets mit Petersilienkartoffeln

Für vier Personen

400 g mehligkochende Kartoffeln

Salz

½ Bund Petersilie

2 Esslöffel Butter

1 Seezunge, frisch filetiert (4 Filets, je 70–80 g)

2 Esslöffel Olivenöl

Fleur de sel, Pfeffer

Die Kartoffeln schälen, würfeln und in einem Topf mit Salzwasser in 10–12 Minuten weich kochen. Die Petersilie waschen und trocken schütteln, die Blätter fein schneiden.

Die Kartoffeln abgießen. 1 Esslöffel Butter und die Petersilie dazugeben, zudecken und den Topf kräftig rütteln, so dass alle Kartoffelstücke mit der Petersilienbutter umhüllt sind. Warm halten.

Die Seezungenfilets kalt abwaschen und trocken tupfen. In einer Pfanne die übrige Butter mit dem Olivenöl erwärmen. Die Fischfilets darin bei mäßiger Hitze von jeder Seite 1–2 Minuten braten. Mit Fleur de sel und Pfeffer würzen und mit den Petersilienkartoffeln auf vorgewärmten Tellern anrichten.

Dazu schmeckt ein bunter Sommersalat.

Zanderfilet auf Paprikagemüse

Für vier Personen

Paprikagemüse

je 2 große rote, gelbe und grüne Paprikaschoten

1–2 Knoblauchzehen

½ Bund Petersilie

2 Esslöffel Balsamico bianco

⅓ Teelöffel Fleur de sel

Pfeffer

4 Esslöffel Olivenöl

Zanderfilets

4 Zanderfilets (je ca. 150 g)

Salz, Pfeffer

2 Esslöffel Mehl

1 Esslöffel Butter

3 Esslöffel Olivenöl

Den Backofen auf 180° vorheizen.

Ein Backblech mit Backpapier belegen. Die Paprikaschoten waschen, auf dem Blech verteilen und im heißen Ofen ca. 45 Minuten backen, bis die Haut schwarze Blasen bekommt.

Den Knoblauch schälen und fein hacken. Die Petersilie waschen und trocken schütteln, die Blätter fein schneiden. Den Essig in einer Schüssel mit dem Fleur de sel verrühren, bis dieses sich gelöst hat. Pfeffer, Knoblauch und Petersilie dazugeben und das Öl unterschlagen.

Das Blech aus dem Ofen nehmen, die Schoten kurz mit einem feuchten Tuch abdecken und so weit abkühlen lassen, dass man sie anfassen kann. Den Stiel und die Kerne entfernen, die Schoten häuten und in mundgerechte Stücke schneiden. Zur vorbereiteten Vinaigrette geben und gut durchmischen.

Die Zanderfilets kalt abwaschen und trocken tupfen, salzen, pfeffern und auf der Hautseite mehlieren. Butter und Öl in einer Pfanne erhitzen und die Filets auf der Hautseite bei mittlerer Hitze 4–5 Minuten braten. Die Filets wenden und fast sofort vom Herd nehmen. Das lauwarme Paprikagemüse auf Teller verteilen und die Zanderfilets mit der knusprigen Haut nach oben darauf setzen.

ATLANTIK SEEZUNGEN
100g 6.80 €

TAGSFRISCHE ZANDER
100g 3,- €

Gebackener Goldbarsch mit Remouladensauce und lauwarmem Kartoffelsalat

Für vier Personen

Kartoffelsalat

800 g festkochende Kartoffeln

1 kleine Zwiebel

100 ml Gemüsebrühe

2 Esslöffel Weißweinessig

3 Esslöffel neutrales Pflanzenöl

Salz

Remouladensauce

1 hart gekochtes Ei

1 Gewürzgurke

1 Esslöffel Kapern
(aus dem Glas)

½ Bund Schnittlauch

150 g Mayonnaise
(aus dem Glas)

1 Teelöffel mittelscharfer Senf

Fischfilets

600 g Goldbarschfilet

Salz, Pfeffer

2 Esslöffel Zitronensaft

3 Esslöffel Mehl

1 Ei

120 g Semmelbrösel

neutrales Öl zum Ausbacken

Die Kartoffeln waschen, in einem Topf mit Wasser bedecken und in ca. 25 Minuten weich kochen.

Inzwischen für die Remoulade das Ei pellen und fein hacken. Die Gewürzgurke und die Kapern abtropfen lassen und fein hacken. Den Schnittlauch waschen, trocken schütteln und in feine Röllchen schneiden. Mayonnaise und Senf verrühren, Gewürzgurke, Kapern, Schnittlauch und Ei unterheben.

Die Kartoffeln abgießen, ausdampfen lassen, pellen und in Scheiben schneiden. In eine Schüssel geben und salzen. Die Zwiebel schälen und sehr fein hacken. Die Brühe aufkochen, die Zwiebelwürfel hinzufügen und vom Herd nehmen. Essig und Öl unterrühren, über die Kartoffeln gießen und vorsichtig durchmischen.

Die Goldbarschfilets kalt abwaschen, abtrocknen und in 8 Stücke schneiden. Auf beiden Seiten salzen und pfeffern und mit Zitronensaft beträufeln. Das Mehl auf einen Teller geben. Das Ei mit 1 Esslöffel kaltem Wasser in einem tiefen Teller mit einer Gabel verquirlen. Die Semmelbrösel auf einen dritten Teller geben.

In einer großen Pfanne 1 cm hoch Öl erhitzen. Die Fischstücke jeweils im Mehl wenden und den Überschuss abklopfen. Dann durch das Ei ziehen und schließlich in den Semmelbröseln wenden. Ins heiße Öl geben und darin bei mittlerer Hitze von jeder Seite ca. 3 Minuten goldbraun braten. Herausheben und auf Küchenpapier abtropfen lassen.

Den Kartoffelsalat noch einmal mit Salz abschmecken und mit dem gebackenen Fisch und der Remouladensauce servieren.

ISLÄNDISCHES
GOLDBARSCH-
FILEI
1000 2,80 G

Loup de mer in der Rosmarinsalzkruste

Für zwei Personen

4 Zweige frischer Rosmarin

2 Eiweiß

2 kg grobes Meersalz

1 Loup de mer (auch Wolfsbarsch genannt, ca. 800 g,
küchenfertig vorbereitet,
aber nicht geschuppt)

½ Bio-Zitrone

Fleur de sel, Pfeffer

1 Esslöffel Olivenöl

Den Backofen auf 200° vorheizen, ein Blech mit Backpapier belegen.

Rosmarin waschen und trocken schütteln, einen Zweig ganz lassen, vom Rest die Nadeln abstreifen. Eiweiß in einer Schüssel leicht verschlagen, das Salz und die Rosmarinnadeln mit den Händen untermengen.

Den Wolfsbarsch innen und außen waschen und mit Küchenpapier abtrocknen. Die Zitronenhälfte heiß abwaschen und in Scheiben schneiden. Den Fisch innen mit Fleur de sel und Pfeffer würzen und das Olivenöl in die Bauchhöhle träufeln. Mit dem Rosmarinzweig und den Zitronenscheiben füllen.

Etwa ein Drittel der Salzmischung diagonal in Fischform, etwas größer als der Wolfsbarsch, auf das Blech geben. Den Fisch darauflegen und das übrige Salz so darauf verteilen und andrücken, dass ein fester Salzmantel entsteht. Das Blech in den Backofen schieben und den Fisch 30 Minuten backen.

Das Blech herausnehmen und den Fisch 5 Minuten ruhen lassen. Die Salzkruste an den Seiten mit einem schweren Messerschaft oder einem Hammer aufklopfen und die obere Hälfte samt Haut abheben. Falls es nicht in einem Stück geht, darauf achten, dass möglichst keine Salzkrümel auf die Fischfilets fallen. Die beiden oberen Filets herauslösen und auf zwei angewärmte Teller geben. Die Mittelgräte entfernen, um an die unteren Filets zu gelangen.

Als Beilage empfiehlt Frau Witte ein mit Sahne verfeinertes Karotten-Zuckerschoten-Gemüse. Statt des Loup de mer können Sie auch eine Dorade in der Salzkruste zubereiten.

Im Frühling entdeckten wir auf dem Obstfreimarkt den Stand von Florian Brummer. Knackfrischer Spargel und saftige Erdbeeren waren jetzt die Hauptattraktionen. Die zum Probieren angebotene Erdbeere schmeckte, nicht übertrieben, einfach umwerfend. „Lambada" heißt die Sorte, deren Name wir uns merken werden. Im Jahreslauf bietet Herr Brummer das jeweils reife Obst und Gemüse vom Obsthof Bucher in Markdorf am Bodensee an, dazu einige ausgewählte Südfrüchte.

Wie er auf den Viktualienmarkt kam? Während seines Volkswirtschaftsstudiums jobbte er zusammen mit einem Freund regelmäßig auf dem Sendlinger Wochenmarkt (im Münchener Westen) und verkaufte dort die Waren von dessen Onkel, einem Bauern aus der Bodenseegegend. Die Arbeit mit guten Lebensmitteln, an der frischen Luft, der Umgang mit den Kunden – das war genau das richtige für ihn! Und so bewarb er sich nach dem Diplom um einen Stand am Viktualienmarkt. 2008 klappte es. Und so steht er jetzt von Anfang März bis Ende Oktober hier, bei jedem Wetter. Nicht immer am gleichen Fleck, denn auf dem Obstfreimarkt wird wöchentlich im Uhrzeigersinn gewechselt, damit jeder mal den begehrten Platz am Durchgang Richtung Rosental hat. Seit etwa einem Jahr unterstützt ihn Verkäuferin Patricia dabei, die – ein besonderer Service für die Kunden – schon genauso flott Spargel schält wie er selbst.

Mit Herrn Brummers herrlichen Erdbeeren, Kirschen, Zwetschgen und Aprikosen haben wir die köstlichen Desserts auf den nächsten Seiten zubereitet. Die Rezepte für den Grünen Spargelsalat mit Erdbeeren und rotem Pfeffer (Seite 20) und für den in der Folie zubereiteten weißen Spargel mit Kerbelbutter (Seite 150) stammen ebenfalls von ihm.

Erdbeeren mit Mandelkrokant

Für vier Personen
2 Esslöffel Puderzucker
4 Esslöffel Mandelstifte
500 g reife Erdbeeren
½ Bio-Orange

Ein Stück Backpapier auf der Arbeitsfläche bereitlegen. Den Puderzucker in ein Pfännchen sieben und bei schwacher Hitze zu hellem Karamell schmelzen. Die Mandelstifte hinzufügen und unter Rühren karamellisieren lassen. Auf das Backpapier geben, dünn ausstreichen und abkühlen lassen.

Inzwischen die Erdbeeren waschen und auf Küchenpapier abtropfen lassen. Die Beeren entkelchen und je nach Größe halbieren oder vierteln. Die Orangenhälfte heiß abwaschen, abtrocknen und die Schale mit einem Zestenreißer in feinen Spänen abziehen, dann den Saft auspressen. Orangensaft und -schale unter die Erdbeeren mischen.

Die Erdbeeren in vier Gläser oder Schalen verteilen und den Mandelkrokant darüberbröseln.

Erdbeer-Tiramisu

Für vier bis sechs Personen

500 g Erdbeeren

200 g Sahne

1 Vanilleschote

3 sehr frische Eigelb

3 Esslöffel Puderzucker

250 g Mascarpone

frisch gepresster Saft
von 2 Orangen

ca. 150 g Löffelbiskuits

1 Esslöffel Kakaopulver

Die Erdbeeren waschen, auf Küchenpapier abtropfen lassen, entkelchen und klein schneiden. Die Sahne steif schlagen.

Die Vanilleschote längs aufschlitzen und das Mark herauskratzen. Die Eigelbe mit dem Puderzucker und dem Vanillemark in eine Rührschüssel geben und mit dem Handrührgerät in 3–4 Minuten cremig aufschlagen. Erst den Mascarpone unterrühren, dann die Schlagsahne unterheben.

Den Orangensaft in eine flache Schale geben. 2 Esslöffel Mascarponecreme in eine eckige Form geben und auf dem Boden verstreichen. Die Löffelbiskuits jeweils einige Sekunden in den Orangensaft tauchen und dicht an dicht auf die Mascarponecreme legen. Darauf die Hälfte der Mascarponecreme und alle Erdbeeren schichten. Eine weitere Lage in Orangensaft getränkte Biskuits einlegen, die übrige Mascarponecreme darauf geben und glatt streichen. Mit einem Löffelrücken dekorative Dellen in die Oberfläche drücken. Die Form mit Folie abdecken und für mindestens 2 Stunden kalt stellen. Vor dem Servieren das Kakaopulver über das Tiramisu sieben.

Florian Brummer (Seite 211) mag keinen Alkohol in Desserts. Wer nichts dagegen einzuwenden hat, kann je 2–3 Esslöffel Orangenlikör unter die Erdbeerstückchen und den Orangensaft mischen.

Kirsch-Clafoutis

Für vier Personen

400 g Süßkirschen

4 Eier

60 g Zucker

1 Päckchen Vanillezucker

150 g Crème fraîche

150 ml Milch

100 g Mehl

etwas Butter für die Form

Puderzucker

Die Kirschen waschen und entstielen. Eine Auflaufform für vier Personen mit Butter ausstreichen.

Den Backofen auf 180° vorheizen.

Die Eier in einer Rührschüssel mit dem Zucker und dem Vanillezucker schaumig schlagen. Crème fraîche und Milch unterrühren. Das Mehl daraufsieben und mit einem Teigspatel unterziehen.

Die Kirschen unter den Teig mischen und alles in die Form gießen. In den heißen Ofen schieben (Mitte, Umluft 160°) und in ca. 45 Minuten goldbraun backen. Lauwarm abkühlen lassen und vor dem Servieren mit Puderzucker bestauben.

Dukatenbuchteln mit Zwetschgenkompott

Für sechs bis acht Personen

Dukatenbuchteln

400 g Mehl

etwa ⅛ l Milch

20 g Hefe

40 g Zucker

150 g Butter

2 Eier

Salz

Mehl für die Arbeitsfläche

Puderzucker

Zwetschgenkompott

1 kg Bühler Zwetschgen

100 g Zucker (nach Belieben auch mehr)

1 Bio-Zitrone

2 Gewürznelken

1 Zimtstange

Das Mehl in eine Schüssel sieben und eine Mulde eindrücken. Für den Vorteig die Milch lauwarm erhitzen, die Hefe und 1 Teelöffel Zucker darin auflösen. In die Mulde gießen und ein wenig Mehl vom Rand untermischen. Zugedeckt an einem warmen, zugluftfreien Ort 15 Minuten gehen lassen.

Die Hälfte der Butter klein würfeln und mit den Eiern, dem übrigen Zucker und einer kleinen Prise Salz in die Schüssel geben und untermischen. Auf die Arbeitsfläche geben und alles zu einem glatten, glänzenden Teig verkneten. (Falls nötig noch 1–2 Esslöffel Milch dazugeben.) Den Teig zu einer Kugel formen, mit einem Küchentuch abgedeckt 30 Minuten ruhen lassen.

Den Teig auf der bemehlten Arbeitsfläche 1 cm dick ausrollen und mit einem runden Ausstecher von 3 cm Durchmesser kleine Kreise ausstechen. Die übrige Butter in einem Topf zerlassen, 2 Esslöffel davon in eine Auflaufform geben. Die Dukatenbuchteln in der flüssigen Butter wenden und dicht an dicht hineinlegen. Auf die erste eine zweite Lage schichten und etwa 15 Minuten zugedeckt gehen lassen, bis die kleinen Buchteln gut aufgegangen sind.

Inzwischen die Zwetschgen waschen, längs halbieren und entsteinen. Mit dem Zucker und ⅛ Liter Wasser in einen Topf geben. Die Zitrone heiß abwaschen und abtrocknen, erst die Schale abreiben, dann den Saft auspressen und beides dazugeben. Nelken und Zimtstange hinzufügen und alles zum Kochen bringen. Etwa 5 Minuten bei schwacher Hitze kochen lassen. Vom Herd nehmen und abkühlen lassen.

Den Backofen auf 180° vorheizen.

Die Buchteln etwa 30 Minuten backen, dabei in den ersten 10 Minuten die Backofentür durch einen eingeklemmten Kochlöffel einen Spalt breit offen halten. Wenn sie fertig sind, die Buchteln herausnehmen, auf ein Kuchengitter stürzen und auseinanderlösen. Mit Puderzucker besieben und mit dem Zwetschgenkompott (oder der selbst gemachten Vanillesauce) servieren.

Vanillesauce

Für vier Personen

2 Eigelb

1 Ei

2–3 Esslöffel Zucker
(je nach gewünschter Süße)

¼ l Milch

1 Vanilleschote

Die Eigelbe und das Ei in einem Topf mit dem Zucker und der Milch verrühren. Die Vanilleschote längs aufschneiden, das Mark herauskratzen und dazugeben. Alles bei schwacher Hitze unter ständigem Rühren bis kurz vor dem Siedepunkt erhitzen. Wenn die Sauce dicklich zu werden beginnt, den Topf vom Herd nehmen, damit sich keine Haut bildet. Weiterrühren, bis die Vanillesauce lauwarm abgekühlt ist.

Kein Vergleich zu fertig gekaufter aus dem Tetra Pack: Eine mit frischen Eigelben und echter Bourbon-Vanille selbst zubereitete Vanillesauce schmeckt fabelhaft zu den kleinen Buchteln und auch zu Herrn Schlegels Apfelstrudel (Seite 225).

Aprikosen-Crumble

Für vier Personen

500 g Aprikosen

1 Bio-Zitrone

1 Esslöffel Zucker

40 g Mehl

80 g geriebene Mandeln

1 Päckchen Vanillezucker

Salz

80 g kalte Butter

etwas Butter für die Förmchen

4 ofenfeste Portionsförmchen (ca. 10 cm Durchmesser, 250 ml Inhalt) mit Butter ausstreichen. Die Aprikosen waschen, abtrocknen, längs vierteln und entsteinen. Die Zitrone heiß abwaschen, abtrocknen, die Schale fein abreiben und den Saft auspressen. Beides mit dem Zucker unter die Aprikosen mischen und in die Förmchen verteilen.

Den Backofen auf 180° vorheizen.

Das Mehl und die geriebenen Mandeln auf der Arbeitsfläche mit dem Vanillezucker und einer kleinen Prise Salz mischen. Die Butter klein würfeln und alles mit den Händen zu krümeligen Streuseln verkneten.

Die Streusel locker über die Aprikosen verteilen. Die Aprikosen-Crumble im Ofen (Mitte, Umluft 160°) etwa 25 Minuten backen, bis die Streusel goldbraun und knusprig sind. Heiß servieren.

Pfirsiche mit Amarettini-Baiser

Für vier Personen

2 große, gelbfleischige Pfirsiche

1 Bio-Zitrone

4 Esslöffel Zucker

1 kleine Zimtstange

40 g Amarettini (kleine italienische Mandelkekse)

1 Eiweiß

Salz

Die Pfirsiche mit kochendem Wasser überbrühen, kalt abschrecken und häuten, halbieren und entsteinen. Die Zitrone heiß abwaschen, abtrocknen und in Scheiben schneiden; mit einem ½ l Wasser, 3 Esslöffeln Zucker und der Zimtstange in einem Topf aufkochen. Die Pfirsichhälften einlegen und 3 Minuten bei schwacher Hitze ziehen lassen. Vom Herd nehmen und im Sud abkühlen lassen.

Den Backofen auf 220° vorheizen.

Die Amarettini für die Baisermasse in eine Gefriertüte geben und fein zerbröseln. Das Eiweiß mit einer kleinen Prise Salz steif schlagen, dabei 1 Esslöffel Zucker einrieseln lassen. Die Amarettinibrösel unterheben.

Die Pfirsichhälften aus dem Sud heben, abtropfen lassen und nebeneinander in eine ofenfeste Form setzen. Die Baisermasse mit einem Löffel dekorativ darauf häufen. Im heißen Ofen (Mitte, keine Umluft) 8–10 Minuten überbacken.

Aprikosenroulade

Für zwölf Stücke

Teig

1 Vanilleschote

4 Eier

Salz

150 g Zucker

60 g Mehl

60 g Speisestärke

1 Teelöffel Backpulver

2 Esslöffel Zucker zum Bestreuen

Puderzucker zum Bestauben

Füllung

400 g reife Aprikosen

300 g Sahne

1 Teelöffel lösliches Espressopulver

4 Esslöffel Aprikosenmarmelade

Den Backofen auf 200° vorheizen, ein tiefes Blech mit Backpapier belegen.

Die Vanilleschote längs aufschlitzen und das Mark herauskratzen, mit den Eiern, einer Prise Salz und 3 Esslöffel kaltem Wasser cremig aufschlagen. Nach und nach den Zucker einrieseln lassen und schlagen, bis ein fester Schaum entsteht. Mehl, Speisestärke und Backpulver mischen, daraufsieben und sorgfältig unterheben. Den Teig gleichmäßig auf dem Blech ausstreichen und im heißen Ofen (Mitte, Umluft 180°) in 15–18 Minuten goldbraun backen.

Zum Aufrollen der Roulade ein Stoffküchentuch auf der Arbeitsfläche ausbreiten und mit Zucker bestreuen. Den heißen Biskuit vom Blech darauf stürzen, die Ränder rasch beschneiden, den Biskuit samt Tuch aufrollen und auskühlen lassen.

Die Aprikosen waschen, entsteinen und in kleine Stückchen schneiden. Die Sahne mit dem Kaffeepulver steif schlagen. Den Teigboden vorsichtig entrollen und mit der Marmelade bestreichen. Die Sahne darauf geben und so ausstreichen, dass am Rand jeweils einige Zentimeter frei bleiben. Die Aprikosenstückchen darauf verteilen und die Roulade wieder aufrollen. Mit der Naht nach unten auf eine längliche Kuchenplatte legen und mit Puderzucker besieben.

Mittendrin im Marktgeschehen findet sich ein kleiner Stand mit ausgesuchten Wald-
produkten: Im Spätsommer und Herbst ist der wagenradgroße Weidenkorb mit tiefdunklen Beeren gefüllt, echten Waldheidelbeeren, die Zunge und Zähne blau färben.
In Holzkisten liegen frische Steinpilze mit kernigem, festem Fleisch, leuchtendgelbe
Pfifferlinge, Butterpilze und auch Herbsttrompeten. Daneben tadellose Kräuterseitlinge
oder andere Zuchtpilze wie der Nameko aus Japan, ein Stockpilz, der hübsch aus-
schaut, im Aroma aber mit den Wildpilzen nicht mithalten kann. Das findet jedenfalls
Jutta Pichl, eine Münchnerin, die den Stand schon in der dritten Generation betreibt.
Gleich nach dem Krieg begann die Oma, Waldpilze und -beeren auf dem Markt zu ver-
kaufen. In den sechziger Jahren übernahm die Mama die Regie, vor vier Jahren Jutta
Pichl. Den Viktualienmarkt kannte sie da aber schon genau. Denn als Kind half sie gern
mit. Später sprang sie oft für die Mama ein, verbrachte neben ihrer Arbeit in der Ver-
waltung der Uni München viele Wochenenden und Urlaube am Stand.

Von Juli bis Oktober bekommt sie täglich frische Ware vom Großhändler im oberpfälzischen Nittenau, der die Familie seit Jahrzehnten beliefert. Schon in Tüten verpackt
sind nur die getrockneten Pilze. Alles andere schaufelt Jutta Pichl lose in Papiertüten
oder Pappmaché-Schälchen. Ob Pilze oder Waldheidelbeeren: Im Supermarkt kaschiert

oft geschickte Verpackung faule oder matschige Exemplare. Bei Jutta Pichl sehen die Kunden genau, wofür sie ihr Geld ausgeben – einwandfreie Ware garantiert.

Außerhalb der Pilz- und Beerensaison können Sie am Stand von Jutta Pichl im Frühjahr Weidenkätzchen, Kirsch- und Mandelblüten, im Winter Tannenzweige und Kränze kaufen.

Jutta Pichl backt mit Wildheidelbeeren am liebsten kleine Pfannkuchen (unten). Als Digestiv nach einem üppigen Essen empfiehlt sie Wildheidelbeerlikör. Das Rezept finden Sie auf Seite 229.

Heidelbeerpfannkuchen

Für vier Personen

100 g Mehl

ca. 2 Esslöffel Zucker

Salz

1 Schuss Mineralwasser

ca. 120 ml Milch

1 Ei (Größe L)

200 g Wildheidelbeeren

4 Esslöffel Butterschmalz zum Ausbacken

Das Mehl mit 1 Teelöffel Zucker und 1 Prise Salz mischen. Nach und nach das Mineralwasser und die Milch dazugießen und alles mit dem Ei zu einem glatten Teig rühren Den Teig etwas quellen lassen.

Die Waldheidelbeeren in ein Haarsieb geben und vorsichtig abbrausen, dann abtropfen lassen und unter den Pfannkuchenteig rühren.

Etwas Butterschmalz in einer Pfanne erhitzen. Den Teig esslöffelweise hineingeben, so dass mehrere kleine Pfannkuchen in der Pfanne sind. Ca. 3 Minuten bei mittlerer Hitze backen, dann wenden und die gebackene Seite mit ein wenig Zucker bestreuen. Pfannkuchen in weiteren 3 Minuten fertig backen, der Zucker auf der oberen Seite soll dabei leicht karamellisieren. Fertige Pfannkuchen aus der Pfanne nehmen, und im heißen Ofen bei 80° (Umluft 60°) bis zum Servieren warmhalten.

Die Pfannkuchen schmecken gut mit Vanillesahne. Dazu ½ Vanilleschote aufschlitzen und das Mark herauskratzen. 200 g Sahne nach Belieben mit etwas Zucker und dem Vanillemark steif schlagen.

Wildheidelbeeren sind ab Juli reif. Ein besonderer Pflanzenfarbstoff verleiht ihnen die intensive Farbe und macht sie zu den gesündesten und aromatischsten Früchten überhaupt – kleine, feine Delikatessen! Die größeren Zuchtheidelbeeren können mit ihrem blassen Fruchtfleisch nicht mithalten.

Quarktarte mit Johannisbeeren

**Für eine Tarteform
mit 28 cm Durchmesser**

Teig

125 g Mehl

Salz

100 g eiskalte Butter in
kleinen Stücken
+ Butter für die Form

1 Ei (Größe S)

Belag

100 g Johannisbeerrispen

½ kleine Bio-Zitrone

375 g Quark

150 g Zucker

200 g Sahne

3 Eier (Größe S oder M)

1 Esslöffel Mehl

Die Form mit Butter ausstreichen.

Das Mehl mit 1 Prise Salz mischen. Mit kühlen Händen die Butter und das Ei schnell unterkneten. Den Teig in die gefettete Form drücken, dabei einen kleinen Rand hochziehen. Teig für 10 Minuten in der Form in den Kühlschrank stellen.

Backofen auf 200° (Umluft 180°) vorheizen.

Den Teig in der Form aus dem Kühlschrank nehmen und im vorgeheizten Backofen (Mitte) ca. 10 Minuten vorbacken.

Inzwischen die Johannisbeeren in einem Sieb vorsichtig abbrausen, abtropfen lassen und mit einer Gabel behutsam von den Rispen streifen. Die Zitronenhälfte waschen. Die Schale fein abreiben, den Saft auspressen.

Den Quark mit dem Zucker, der Sahne, den Eiern und 1 Esslöffel Mehl mit dem Handrührgerät glattrühren. Gut 1 Esslöffel Zitronensaft und 1 Teelöffel Zitronenschale unterrühren.

Den vorgebackenen Teig aus dem Ofen nehmen. Die Ofentemperatur auf 180° (Ober- und Unterhitze; 160° Umluft) herunterschalten. Die Johannisbeeren auf den vorgebackenen Teig streuen. Die Quarkmasse daraufgießen und die Tarte im Ofen (Mitte) 40–50 Minuten backen, bis die Oberfläche goldbraun ist.

Deutsch
Johannisbeeren
ca. 500 gr.
Schale   3.80

Goldparmäne, Klarapfel oder Glockenapfel: Wer neben Golden Delicious und Granny Smith auch mal in vergessene oder ungewöhnliche Apfelsorten beißen möchte, ist am Eckstand von Michael Schlegel und Markus Angstmann an der richtigen Adresse. Im Herbst können Sie hier aus bis zu 18 verschiedenen Sorten wählen und selbst in die Tüte packen: süße Äpfel mit roten Backen, goldgelbe mit feiner Säure oder grasgrüne mit knackigem Fruchtfleisch. An der Längsseite des Stands sind sie in großen Kisten übersichtlich angeordnet, auf Schildchen werden ihre Vorzüge wie Weine anschaulich beschrieben: „Feine, dezente Säure, gutes Aroma, milder Geschmack" charakterisieren den saftigen Gloster, während der saftig-süße Jonagold „mit feiner Säure, lockerem Fruchtfleisch und breitem Aroma" für sich wirbt. Wer sich trotzdem nicht entscheiden kann, wird von den jungen Standinhabern kompetent beraten.

Außer Äpfeln bieten sie rund ums Jahr auch eine kleine saisonale Auswahl an frischem Obst, Gemüse und exotischen Früchten an, dazu im Frühjahr tagesfrischen Spargel aus Abensberg und Schrobenhausen, im Sommer süße Kirschen und Marillen, im Herbst Trauben und Bühler Zwetschgen, im Winter Esskastanien, die in Bayern Maroni heißen und die Michael Schlegel im Backofen oder einfach auf einer knallheißen gusseisernen Herdplatte röstet.

Paradiesische Vielfalt auch bei Obst in geistreicher Form: Der Stand ist eine Fundgrube für außergewöhnliche Obstbrände. Michael Schlegel und Markus Angstmann kennen die Besitzer vieler Destillerien persönlich. Sie suchen eine echte Rarität? Dann probieren Sie den aus Wildpflaumen gebrannten Zibarte oder den Zirbener, einen mit Zirbenzapfen „Ang'setzten" aus Österreich.

Michael Schlegel gab uns die Rezeptanregung für die wunderbare Tarte Tatin (nächste Seite) und die Petersilienwurzelsuppe (Seite 75). Die Apfelkücherl (unten) schmecken frisch ausgebacken am besten. Apfelexperte Michael Schlegel nimmt Gravensteiner oder den Klassiker Boskoop für die bayerische Spezialität.

Apfelkücherl

Für vier Personen

100 g Mehl

Salz

⅛ l helles Bier

1 Ei

1 Teelöffel neutrales Öl

4 Äpfel

Zitronensaft zum Beträufeln

2–3 Esslöffel Zucker

Öl zum Ausbacken

Zimt und Zucker zum Bestreuen

Das Mehl mit 1 Prise Salz und dem Bier verrühren. Das Ei trennen. Das Eiweiß zu festem Eischnee schlagen. Das Eigelb mit dem Öl unter die Mehlmischung rühren. Den Eischnee unterheben.

Reichlich Öl zum Ausbacken in einem Topf erhitzen. Die Äpfel schälen, das Kerngehäuse mit einem Apfelausstecher entfernen. Äpfel in fingerdicke Scheiben schneiden, so dass Apfelringe mit Loch in der Mitte entstehen. Die Apfelringe sofort mit Zitronensaft beträufeln, damit sie sich nicht verfärben, und ganz leicht mit Zucker bestreuen.

Apfelringe durch den Teig ziehen und im heißen Öl goldbraun ausbacken, herausnehmen, auf Küchenpapier entfetten, mit Zimt und Zucker bestreuen und am besten sofort heiß servieren.

Die Kücherl schmecken auch gut mit Vanilleeis und etwas halbsteif geschlagener Sahne.

Tarte Tatin

Für eine hohe feuer- und ofenfeste Tarteform mit 24 cm
Durchmesser (ersatzweise auf
dem Herd erst eine Pfanne
benutzen, dann alles in eine
ofenfeste Tarteform geben)

Teig

150 g Mehl

150 g Butter

150 g Sahnequark

Salz

Füllung

100 g Butter

ca. 120 g Zucker

ca. 1,4 kg nicht zu
saftige Äpfel

Den Backofen auf 230° (Umluft 210°) vorheizen.

Mehl, Butter und Quark mit 1 Prise Salz schnell zu einem Teig verkneten. Dünn und quadratisch ausrollen, dann die Ecken zusammenschlagen, ähnlich wie bei einem Briefumschlag. Den Teig nochmals ausrollen und erneut zusammenschlagen, wieder ausrollen und noch mal mittig zusammenschlagen, dann mindestens 30 Minuten kühl stellen.

Butter und Zucker in eine feuer- und ofenfeste Form geben und auf dem Herd bei mittlerer Hitze unter Rühren schmelzen lassen. Dann die Form vom Herd nehmen.

Die Äpfel schälen, vierteln und entkernen. Die Hälfte der Apfelviertel kreisförmig und eng beieinander vom Rand zur Mitte hin in die Form setzen. Die übrigen Äpfel ebenso darüber einschichten. Äpfel im heißen Ofen 20–30 Minuten backen. Dabei ergibt der aus den Äpfeln austretende Apfelsaft zusammen mit der Butter und dem Zucker einen hellen Karamell.

Form aus dem Ofen nehmen und erneut auf den Herd stellen. Bei mittlerer Hitze Saft und Karamell sirupartig einkochen lassen, bis er leicht goldbraun wird. Das kann bis zu 25 Minuten dauern. Der Karamell darf nicht zu dunkel werden, sonst schmeckt er bitter. Etwa 10 Minuten in der Form abkühlen lassen.

Den Teig etwas größer als die Form ausrollen. Teig wie einen Deckel auf die Äpfel legen und mit einer Gabel mehrmals einstechen. Den Backofen auf 200° (Umluft 180°) herunterschalten.

Die Tarte in 25–30 Minuten knusprig backen, aus dem Ofen nehmen und ca. 30 Minuten abkühlen lassen. Zum Servieren die Form kurz auf eine heiße Herdplatte stellen, damit sich die Tarte vom Boden löst. Servierteller oder -platte auf die Form legen. Form und Teller festhalten, mit Schwung umdrehen und so die Tarte auf den Teller stürzen. Form entfernen und die Tarte lauwarm servieren.

Michael Schlegel bereitet den französischen Dessertklassiker mit selbst gemachtem Blätterteig zu. Hier eine schnellere Blätterteig-Version mit Quark, die garantiert gelingt und sehr gut schmeckt. Der Apfelspezialist empfiehlt für Tarte Tatin die Sorte Jonagold. Gut geeignet sind aber auch Royal Gala oder Reine des Reinettes, die „Königin" der Äpfel.

Apfelstrudel

Für 2 Strudel, 8–10 Stücke

250 g Mehl

½ Teelöffel Salz

2 Esslöffel Öl

1 Ei

1 Esslöffel Obstessig

1,5 kg säuerliche Äpfel

4 EL Zucker

½ Teelöffel Zimtpulver

2–3 Esslöffel Rosinen (nach Belieben)

100 g Butter

100 g Semmelbrösel

4 Esslöffel saure Sahne

Mehl zum Verarbeiten

Puderzucker

Das Mehl auf die Arbeitsfläche sieben und in die Mitte eine Mulde eindrücken. Salz, 1 Esslöffel Öl, das Ei und den Essig in die Mitte geben. Nach und nach etwa 100 ml lauwarmes Wasser hinzufügen und alles zu einem glatten, seidig glänzenden Teig verkneten. Den Teig zur Kugel formen, mit dem übrigen Öl einreiben, eine angewärmte Schüssel darüber stülpen und 30 Minuten ruhen lassen.

Inzwischen die Äpfel schälen und ohne Kerngehäuse in feine Scheiben schneiden. In einer Schüssel mit Zucker und Zimt bestreuen und nach Belieben die Rosinen untermischen. Die Hälfte der Butter in einer Pfanne zerlassen, die Semmelbrösel darin goldbraun rösten, beiseite stellen.

Den Backofen auf 180° vorheizen, ein Blech mit Backpapier belegen.

Die übrige Butter in einem Pfännchen zerlassen.

Den Teig teilen und jeweils auf einem bemehlten Küchentuch so weit es geht ausrollen. Dann die Hände bemehlen, mit den Handrücken unter den Teig greifen und diesen nach allen Seiten hauchdünn zu einem Rechteck ausziehen. Dicke Teigränder abschneiden.

Das Teigrechteck mit zerlassener Butter einpinseln, jeweils mit der Hälfte der sauren Sahne bestreichen und die Hälfte der Butterbrösel darauf streuen. Die Hälfte der Äpfel darauf geben, dabei an einer Längsseite etwa 10 cm, an der Schmalseite etwa 5 cm frei lassen. Den Strudel mithilfe des Tuches von der belegten Längsseite her aufrollen und mit der Nahtstelle nach unten auf das Backblech heben. Den zweiten Strudel vorbereiten und mit etwas Abstand daneben platzieren.

Die Strudel mit der übrigen flüssigen Butter bestreichen und im heißen Ofen (Mitte) etwa 35 Minuten backen. Vor dem Servieren dick mit Puderzucker übersieben. Der Apfelstrudel schmeckt warm mit Vanillesauce (Seite 215) als süßes Hauptgericht oder auch abgekühlt zum Kaffee.

Entspannter Treffpunkt für Geschäftsleute und Genießer: Wer mal kurz eine Portion Wellness tanken will, kommt am Saftstand Müller auf ein Glas Orangen-Aloe-Drink oder Power Mix vorbei. Mit lässigem Charme stehen Chef Mauro Moisè und sein Team hinter der kleinen Theke, pressen Orangen, schneiden Weizengras oder schälen Papaya. Sie bereiten alle Säfte frisch zu.

Orangensaft schmeckt hier besonders „smoothy". Das Geheimnis: Vitamin-Profi Mauro Moisè presst die Orangen nicht auf einer üblichen Zitruspresse, sondern steckt ganze, geschälte Orangen in einen Entsafter. Darin werden sie fein zerkleinert und durch ein Sieb gedrückt. So wird der Saft nicht einfach dickflüssig, sondern erhält fein-cremige Konsistenz.

Und Mauro Moisè verwendet niemals Eiswürfel. Sie verwässern seiner Meinung nach das Aroma und zerstören die Vitamine. Er serviert seine Säfte wie guten Wein – knapp unter Zimmertemperatur. Im Winter offeriert er seinen Kunden auch mal heißen Holundersaft (er nimmt puren Muttersaft) mit Orange und Ingwer.

Bei der Auswahl der Grundzutaten ist er anspruchsvoll: Paprika verwendet er nur in Bioqualität. Bei Papaya empfiehlt er die brasilianische „Formosa", eine teure, aber für ihn die beste Sorte. Der geeignetste Apfel für Saft ist seiner Meinung nach Gala.

Mauro Moisè stammt aus Montefiascone, einem malerischen Ort oberhalb des Bolsenasees in Mittelitalien. Schon vor mehr als 17 Jahren tauschte der gelernte Vermessungsingenieur das italienische Büro mit dem Stand auf dem Viktualienmarkt. Der leidenschaftliche Hobby-Koch lässt sich immer wieder neue Kreationen einfallen. Uns hat er fein-fruchtige Saftrezepte (unten und auf der nächsten Seite) verraten, die auch ohne Zentrifuge oder Entsafter gelingen. Sie schmecken einfach so, als erfrischender Aperitiv oder auch anstelle eines Desserts.

Orange-Ingwer-Drink

Für 4 Gläser
mit ca. 0.2 l Inhalt

8 Saftorangen

1 Stück frischer Ingwer
(4–5 cm)

Die Orangen schälen und in den Entsafter geben oder halbieren und pressen. Ingwer schälen, sehr fein reiben und unterrühren. Alles eventuell im Mixer noch mal durchmixen.

Mauro Moisès Powertipp: Statt Ingwer Aloe vera nehmen, am besten die zertifizierte aus Mexiko. Ein kleines Stück der dickfleischigen Pflanze schälen, das geleeartige Innere herausschneiden und mit dem Orangensaft im Mixer ganz fein mixen.

Papaya-Flip

Für 4 Gläser
mit ca. 0.2 l Inhalt

4–5 Saftorangen

½ reife Papaya

¼ Ananas

Zucker nach Geschmack

Die Orangen schälen und in den Entsafter geben oder halbieren und pressen. Mit einem Löffel Kerne und Fasern aus der Papayahälfte entfernen. Fruchtfleisch schälen und grob zerkleinern. Ananasviertel schälen. Den holzigen Strunk herausschneiden. Ananas grob zerkleinern und mit dem Orangensaft im Mixer fein pürieren. Papaya-Flip mit Zucker eventuell süßen und frisch servieren.

Wenn Sie für den Drink eine gut ausgereifte brasilianische „Formosa"-Papaya und süße reife Flugananas verwenden, brauchen Sie sicher keinen zusätzlichen Zucker.

Banane-Erdbeer-Kokos-Drink

Für 4 Gläser
mit ca. 0.2 l Inhalt

2 Bananen

200 ml Kokosmilch
(1 kleine Dose)

1 Schuss Orangensaft

Die Erdbeeren gründlich waschen und entkelchen. Die Bananen schälen und zerkleinern.

Erdbeeren und Bananenstückchen mit der Kokosmilch und dem Orangensaft im Mixer fein pürieren. Den Drink sofort servieren.

Waldheidelbeerlikör

Für 1 Liter

500 g Waldheidelbeeren

150 g Kandiszucker-Bröckchen

1 Flasche Wodka

Eine 1-Liter-Flasche sauber auswaschen und mit einem Schuss Wodka nachspülen. Die Waldheidelbeeren in ein Haarsieb geben und vorsichtig abbrausen, dann abtropfen lassen.

Den Kandiszucker in die Flasche geben und die Waldheidelbeeren einzeln in die Flasche füllen. Zum Schluss die Flasche mit Wodka auffüllen, verschließen und drei- bis viermal wie ein Pendel hin und her schwenken.

Dann die Flasche an einen dunklen Ort stellen und mindestens 7 Tage lang einmal am Tag drei- bis viermal schwenken, bis sich der Kandiszucker komplett aufgelöst hat. Das kann auch 10 Tage dauern.

Hat sich der Zucker aufgelöst, ein Haarsieb auf einen sauberen Topf legen. Den Inhalt der Flasche reingießen und leicht passieren. Den Likör in eine schöne Flasche oder Karaffe gießen und an einem dunklen Ort aufbewahren.

Jutta Pichl vom Waldproduktestand (Seite 218) hat uns dieses Rezept überlassen. Die Heidelbeeren einzeln in die Flasche zu füllen, ist eine „Sauarbeit", wie sie sagt. Doch die Mühe lohnt sich. Der selbst gemachte Likör schmeckt mit Prosecco aufgegossen wunderbar als Aperitiv. Und Jutta Pichl schwört auf seine magenberuhigende Wirkung; sie genießt ein „Stamperl" nach einem üppigen Essen.

Alphabetisches Rezeptverzeichnis

Rezeptverzeichnis nach Menüfolge

Impressum

Der Viktualienmarkt kocht
Rezepte, Tipps und Bilder vom Münchner Viktualienmarkt

Herausgegeben von
Eva Wolf, Charlotte Schröner, Paul Claessen, Lothar Krauss

Recherche, Rezepte und Text:
Susanne Bodensteiner, Margit Proebst
Lektorat: Tina Schreck

Fotografien: Paul Claessen
Peter Schill (Seiten 121, 222)
Bildbearbeitung: Vera Rücker

Gestaltung und Produktion: Lothar Krauss, Charlotte Schröner
Schriften: Franklin Gothic und Centennial

Druck: Nino Druck, Neustadt

Erschienen im
Nizza Verlag
Walldorfer Str. 3
60598 Frankfurt am Main
Tel. 069-63198971
Fax 069-63198970
frankfurt@nizzaverlag.de
www.nizzaverlag.de

1. Auflage, Herbst 2011

ISBN 978-3-940599-05-6

Printed in Germany